PETITE GÉOGRAPHIE
DU
DÉPARTEMENT DE LA MAYENNE

À l'usage des Écoles primaires

Contenant: 11 cartes coloriées
9 cartes en noir
25 Gravures (hors texte)

PAR

JULIEN HAY

« On n'aime bien que ce que l'on connaît bien.
Étudiez donc votre département. L'aimant mieux,
et vous aimerez davantage la France elle-même. »

TOUS DROITS RÉSERVÉS

1901

DU MÊME AUTEUR

Carte murale du Département de la Mayenne (double, avec parallèle des deux côtés, imprimée sur carton rigide, avec baguettes et filet de suspension).

Petite Histoire du Département de la Mayenne (depuis les origines jusqu'à nos jours).

En vente chez tous les Libraires du Département

PETITE GÉOGRAPHIE

DU

DÉPARTEMENT DE LA MAYENNE

PAR J. HAY

GÉOGRAPHIE PHYSIQUE

1. Nom. Situation. — Le département de la Mayenne, situé dans la région nord-ouest de la France, tire son nom de la rivière la Mayenne qui le traverse du nord au sud en le divisant en deux parties à peu près égales (*voir carte, page 11*).

2. Forme. — Le département de la Mayenne a la forme d'un parallélogramme assez régulier.

3. Dimensions. — Ses plus grandes dimensions sont 82 kilomètres du nord au sud et 62 kilomètres de l'est à l'ouest.

4. Superficie. — Sa superficie qui est de 517.000 hectares le place, comme étendue, au 72e rang parmi les départements français (*voir page 14*).

5. Formation. — Le département de la Mayenne a été formé, en 1790, d'une partie du **Maine** (*arrond. de Mayenne et de Laval*) et d'une partie de l'**Anjou** (*arrond. de Château-Gontier*) (*voir carte page 7, et Histoire de la Mayenne, pages 71, 78*).

6. Limites. — Le département de la Mayenne est borné : au *nord*, par les départements de la **Manche** et de l'**Orne** ; à l'*est*, par celui de la **Sarthe** ; au *sud*, par le département de **Maine-et-Loire** ; à l'*ouest*, par celui d'**Ille-et-Vilaine** (*voir carte, page 7*).

Relief du sol.

Lecture. — Le département de la Mayenne ne peut être considéré comme un pays *montagneux*, car il ne renferme aucun massif bien élevé ; on ne peut non plus le regarder comme un pays *plat*; car partout, le terrain offre des inégalités parfois très prononcées (surtout au nord-est). Mais on peut dire, sans se tromper, que *c'est un pays fort accidenté*, renfermant un grand nombre de collines dont quelques-unes sont même assez élevées.

Les collines qui couvrent le département de la Mayenne sont désignées collectivement sous le nom de **Collines du Maine**. Elles ne forment pas une chaîne régulière et continue. Le plus souvent, elles sont distinctes, isolées, séparées les unes des autres par des vallées généralement fertiles au fond desquelles serpentent un ou plusieurs cours d'eau.

En certains endroits ces collines sont couronnées de belles forêts (*forêt de Mayenne*) ; dans d'autres, au contraire, elles sont recouvertes d'ajoncs et de bruyères (*environs d'Hardanges et de Pré-en-Pail*). Parfois même elles sont abruptes, laissent voir le roc à nu, et présentent un aspect tout à fait sauvage, comme dans *les environs de Sainte-Suzanne* où elles sont particulièrement remarquables par la beauté de leurs paysages et de leurs sites toujours très pittoresques.

La partie la plus élevée du département se trouve au *nord* et à l'*est* (*Une ligne droite tirée d'Ambrières à Sainte-Suzanne, laisse au nord-est la partie montagneuse du département*).

On y remarque *trois massifs* bien distincts reliés entre eux par une étroite bande de terre près la gare de Loupfougères.

Parmi ces massifs, le plus important est celui qui occupe l'angle nord-est du département. Il s'étend sur les cantons de *Pré-en-Pail, Couptrain, Villaines-la-Juhel* et renferme les sommets les plus élevés de la Mayenne : Monts **Avaloirs** (417 m.), Mont **Souprat** (385 m.), Signal de **Villepail** (356 m.), etc.

Le second massif couvre la majeure partie des cantons de *Lassay* et du *Horps* : Mont du **Saule** (327 m.), Signal du **Buleu** (326 m.).

Le troisième massif situé dans les cantons de *Bais, Evron* et *Villaines-la-Juhel* comprend le **Rochard** (357 m.) et le **Montaigu** (290 m.).

A l'est se trouvent les **Collines des Coëvrons** formant une chaîne bien régulière qui part de *Voutré* et se termine dans le département de la *Sarthe* (*point culminant à la Pierre-des-Treize-Eglises*) (334 m.).

Les **buttes de la Charnie** (*Mont-Noir et signal de Viviers*) occupent le centre d'une région boisée.

Au nord-ouest du département on remarque également un massif assez important dont le point culminant se dresse vers les sources de l'Ernée (251 m.).

Le *sud* du département est une *plaine* assez fortement *vallonnée* qui s'abaisse en pente douce jusqu'à la vallée de la Loire. Dans l'arrondissement de Château-Gontier, quelques sommets seulement atteignent ou dépassent 100 mètres d'altitude.

7. Le département de la Mayenne n'est ni un pays plat, ni un pays montagneux. Il renferme cependant un grand nombre de collines désignées ensemble sous le nom de **Collines du Maine.**

8. Les points les plus élevés des Collines du Maine sont situés au nord et à l'est du département. Ce sont : les **Monts-Avaloirs** (417 m.) ; le mont **Souprat** (385 m.) ; le mont **Rochard** (357 m.); le signal de **Villepail** (356 m.) ; le signal des **Coévrons** (334 m.) ; le mont du **Saule** (327 m.) ; le signal du **Buleu** (326 m.) ; le **Montaigu** (290 m.).

9. C'est aux **Avaloirs** (417 m.) que se trouve le point culminant du département. (*Ce point est aussi le sommet le plus élevé de l'ouest de la France, avec celui de la Forêt d'Ecouves (Orne), qui a la même altitude*).

FORÊTS — BOIS.

10. Les principales **forêts** du département sont : à l'*est*, les forêts de **Monaye**, de **Multonne**, de **Pail**, de **Sillé**, de **Bourgon**, de la **Charnie**, de **Bellebranche** ; à l'*ouest*, les forêts de **Mayenne**, de **Concise**, de **Craon**, de **Valles**, de **Lourzais**.

11. Les principaux bois sont : Les bois d'**Hermet**, de **Blandouet**, de **Bergault**, de **Misedon**, des **Gravelles** et de l'**Huisserie.**

Lecture. — Les forêts nous fournissent des bois de chauffage, de charpente, de menuiserie, etc. Les plus beaux pieds sont dirigés sur Saint-Malo pour être employés dans les constructions navales.

On fait aussi une grande consommation de bois à la *Chapelle-Anthenaise* où il y a une *fabrique de traverses pour chemins de fer.*

Des forêts de la Mayenne on retire encore du *charbon de bois* et de l'*écorce à tan*. L'écorce à tan est utilisée par les tanneries du pays (Gorron, Lassay, etc.), ou expédiée en Normandie. Le bois dépouillé de son écorce est envoyé à l'usine de Carbonisation et de Produits chimiques de Voutré pour y être distillé en vases clos.

Autrefois les forêts couvraient dans notre département une bien plus vaste étendue que de nos jours. Depuis un siècle, beaucoup ont été défrichées et converties en riches cultures. Celles qui existent actuellement ne sont plus que des débris des anciennes.

Les principaux animaux qui vivent dans nos forêts sont : le lapin, le lièvre, le renard, le loup très peu, le chevreuil et le sanglier. Ce dernier cause parfois de grands dégâts dans le voisinage des bois.

COURS D'EAU

Bassin de la Mayenne.

12. Le principal cours d'eau du département est la **Mayenne** (204 kilomètres, dont 160 dans le département). Elle prend sa source dans l'*Orne*, au pied de la belle **forêt de Multonne**, entre presque aussitôt dans le département auquel elle donne son nom en coulant d'abord de l'est à l'ouest, le long de la lisière septentrionale, puis du nord au sud, en le partageant en deux parties à peu près égales. Elle pénètre ensuite dans *Maine-et-Loire* où elle reçoit, un peu avant d'atteindre *Angers*, la *Sarthe* grossie du *Loir* et forme la **Maine** qui se jette dans la **Loire** (*voir carte page* 4).

13. Les principales villes arrosées par la **Mayenne** sont : **Mayenne**, **Laval**, **Château-Gontier.**

Lecture. — La vallée de la Mayenne est généralement étroite, profonde, et la rivière est très encaissée par ses rives qui sont tantôt bordées de pittoresques escarpements boisés ; tantôt encadrées de belles et fertiles prairies ; le tout présentant parfois des sites variés du plus bel effet.

A *Laval*, la Mayenne passe sous un beau *viaduc de 180 mètres de long sur 28 de haut.*

En plusieurs endroits les eaux de la Mayenne sont utilisées comme force motrice et servent à alimenter des filatures, des usines et des minoteries importantes (*Voir la Mayenne navigable page 121 de l'Histoire de la Mayenne*).

AFFLUENTS DE LA MAYENNE

14. Les principaux affluents de la Mayenne sont :

Rive droite : 1. La **Varenne** qui passe à *Ambrières* ;

2. La **Colmont** qui passe à *Gorron*, *Oisseau* ;

3. L'**Ernée** qui arrose *Ernée*, *Chailland*, *Andouillé* et se jette dans la Mayenne à *St-Jean-sur-Mayenne* ;

4. Le **Vicoin** qui passe à *Port-Brillet*, *St-Berthevin*, et *Nuillé-sur-Vicoin* ;

5. L'**Oudon**, le plus long et le plus important des affluents de la Mayenne, passe à *Craon*, pénètre dans Maine-et-Loire où il arrose *Segré* et se jette dans la Mayenne près du *Lion-d'Angers*.

Rive gauche : 1. L'**Aisne** qui passe à *Javron* ;

2. Le **Lassay** qui passe à *Lassay* ;

3. L'**Aron** qui passe à *Bais*, *Aron* ;

4. La **Jouanne** qui passe à *Montsûrs*, *Argentré*, et se jette dans la Mayenne non loin d'*Entrammes.*

5. L'**Ouette** qui passe à *Nuillé-sur-Ouette*, *Parné.*

BASSIN DE LA SARTHE

15. La **Sarthe** ne traverse pas le département de la Mayenne. Elle lui sert seulement de limites au nord-est et au sud-est et sur un très faible parcours. Par contre, plusieurs de ses affluents de la rive droite arrosent le département de la Mayenne. Ce sont :

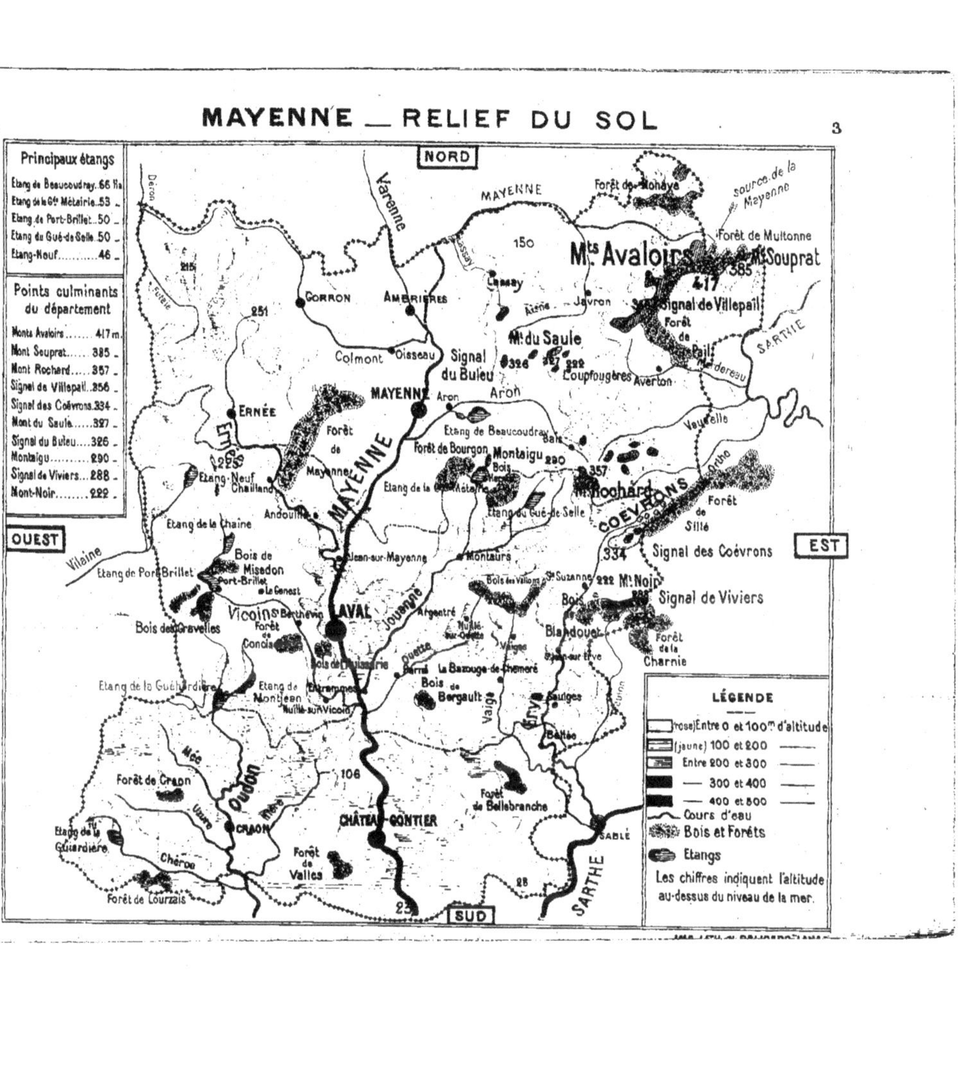

MAYENNE — RELIEF DU SOL
3

NORD
OUEST
EST
SUD

Principaux étangs
Etang de Beaucoudray..66 ha
Etang de la Gᵗᵉ Métairie..53 _
Etang de Port-Brillet..50 _
Etang du Gué-de-Selle..50 _
Etang-Neuf..........46 _

Points culminants
du département
Monts Avaloirs......417 m.
Mont Souprat......385 _
Mont Rochard.....357 _
Signal de Villepail..356 _
Signal des Coëvrons..334 _
Mont du Saule......327 _
Signal du Buleu....326 _
Montaigu..........290 _
Signal de Viviers...288 _
Mont-Noir........222 _

LÉGENDE
(rose)Entre 0 et 100ᵐ d'altitude
(jaune) 100 et 200
Entre 200 et 300
300 et 400
400 et 500
Cours d'eau
Bois et Forêts
Etangs
Les chiffres indiquent l'altitude
au-dessus du niveau de la mer.

Varenne
MAYENNE
Forêt de Monaye
source de la Mayenne
150
Mᵗˢ Avaloirs
Mᵗ Souprat
417
385
Signal de Villepail
Forêt de Multonne
Forêt de Pail
CORRON
AMBRIÈRES
Lassay
Javron
SARTHE
251
Mᵗ du Saule
Colmont
Oisseau
Signal du Buleu
326
327
222
Coupfougères
Averton
ERNÉE
MAYENNE
Aron
Aron
Vaurelle
Forêt de Mayenne
Etang de Beaucoudray
Forêt de Bourgon
Montaigu
290
Rochard
357
Bois
Coëvrons
Forêt de Sillé
Etang-Neuf
Chailland
Andouillé
Etang de la Gᵗᵉ Métairie
Etang du Gué-de-Selle
Orthe
Etang de la Chaîne
334
Signal des Coëvrons
Vilaine
Jean-sur-Mayenne
Montaurs
Bois des Vallons
Sᵗᵉ Suzanne
222
Mᵗ Noir
Signal de Viviers
Etang de Port-Brillet
Bois de Misdon
Port-Brillet
le Genest
Argentré
Bois
Blandouet
Forêt de la Charnie
Vicoins
Berthevin
LAVAL
Jouanne
Forêt de Concla
Bois de Gravelles
Nuillé-sur-Oudon
Vaige
Saulges
Etang de la Guéhardière
Etang de Montjean
Nuillé-sur-Vicoin
Quette
Erve
Bierné
La Bazouge-de-Chemeré
Bois de Bergault
Vaige
Erve
Ballée
Forêt de Craon
Oudon
106
Nère
Usure
CHÂTEAU-GONTIER
Forêt de Bellebranche
Etang de la Guiardière
CRAON
Chéroe
Forêt de Vallée
SABLÉ
28
Forêt de Lourzais
23
SARTHE

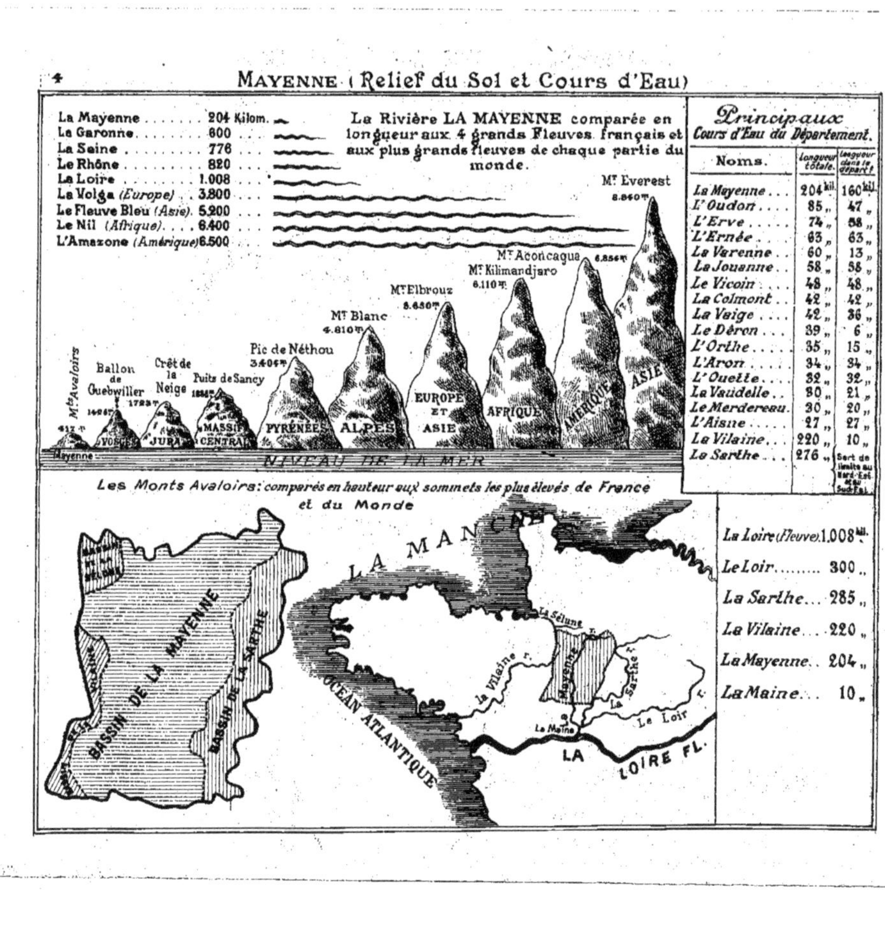

Principaux Cours d'Eau du Département.

Noms.	Longueur totale.	Longueur dans le départ.t
La Mayenne . . .	204 kil.	160 kil.
L'Oudon	85 „	47 „
L'Erve	74 „	58 „
L'Ernée . . .	63 „	63 „
La Varenne . .	60 „	13 „
La Jouanne . .	58 „	58 „
Le Vicoin . . .	48 „	48 „
La Colmont . .	42 „	42 „
La Vaige	42 „	36 „
Le Déron . . .	39 „	6 „
L'Orthe	35 „	15 „
L'Aron	34 „	34 „
L'Ouette	32 „	32 „
La Vaudelle . .	30 „	21 „
Le Merdereau .	30 „	20 „
L'Aisne	27 „	27 „
La Vilaine . . .	220 „	10 „
La Sarthe . . .	276 „	Sert de limite au Nord-Est et au Sud-Est.

1. Le **Merdereau** qui arrose *Averton* ;

2. La **Vaudelle** ;

3. L'**Orthe** ;

4. L'**Erve** qui passe à *Sainte-Suzanne*, *St-Jean-sur-Erve*, au pied des belles grottes de *Saulges*, à *Ballée* et pénètre dans le département de la Sarthe où elle se jette dans la rivière la Sarthe, à *Sablé*.

5. La **Vaige** qui arrose *Vaiges*.

BASSIN DE LA VILAINE

16. La **Vilaine** qui prend sa source près de *Juvigné-des-Landes*, n'arrose aucune localité dans le département.

BASSIN DE LA SÉLUNE

17. Le **Déron** arrose très peu le département et porte ses eaux à la **Sélune**, petit fleuve côtier qui se jette dans la Manche.

Remarques. — 1° Des quatre bassins qui se partagent le département, celui de la Mayenne est le plus étendu et reçoit environ les 4/5 des eaux tombées dans le département. — 2° La Vilaine, la Mayenne et la Sarthe portent leurs eaux dans l'Océan Atlantique ; la Sélune seule conduit les siennes dans la Manche (*Voir carte page 4*).

ETANGS

18. Les principaux **étangs** du département de la Mayenne sont : les étangs de **Beaucoudray**, près d'*Aron* ; de la **Grande Métairie**, près *Jublains* ; du **Gué-de-Selle**, près *Mézangers* ; de **Port-Brillet**, à *Port-Brillet* ; et l'**Etang-Neuf**, près *Juvigné-des-Landes*.

Il existe encore dans le département un grand nombre d'étangs, mais moins qu'autrefois cependant, car beaucoup ont été desséchés depuis un siècle.

Questionnaire. — 1. D'où le département de la Mayenne tire-t-il son nom ? — 2. Quelle est sa forme ? — 3. Quels sont les sommets les plus élevés du département ? — 4. Quel est le point culminant ? — 5. Le comparer à celui de votre commune ? — 6. De votre canton ? — 7. De votre arrondissement ? — 8. Y a-t-il des forêts dans la commune que vous habitez ? — 9. Quels produits en retire-t-on ? — 10. Quels sont les affluents de la Mayenne, rive droite ? — 11. Rive gauche ? — 12. Y a-t-il une rivière à traverser le bourg ou la commune que vous habitez ? — 13. La comparer aux principaux cours d'eau du département ? Etc.

GÉOGRAPHIE ÉCONOMIQUE

AGRICULTURE

(Voir cartes pages 8 et 14).

1. Climat. — Le climat de la Mayenne est *tempéré* mais *humide*. Cette humidité est due principalement au voisinage de la mer et au grand nombre d'étangs et de cours d'eau que renferme le département.

2. Vents. Pluies. — Les vents qui soufflent le plus souvent dans le département sont les vents de *l'ouest* et du *sud-ouest*. Ils sont presque toujours chargés de nuages et nous apportent généralement la pluie.

3. Nature du sol. — La majeure partie de l'arrondissement de Mayenne est formée de *terrains granitiques*. Les *terrains calcaires* (chaux, marbre), *schisteux* (ardoise), et *carbonifères* (charbon) dominent dans l'arrondissement de Laval. L'arrondissement de Château-Gontier comprend principalement des *terrains schisteux* (ardoise).

4. Agriculture. — Le département de la Mayenne est essentiellement agricole. Le sol y est fertile et généralement bien cultivé.

(Pour l'état de l'agriculture aujourd'hui et autrefois dans la Mayenne, se reporter à notre Histoire de la Mayenne, pages 63, 95, 111).

5. Céréales. — Les principales céréales cultivées dans le département sont : le froment, l'orge, l'avoine, le seigle et le sarrasin.

6. Autres plantes. — Parmi les autres plantes cultivées, il convient de citer la pomme de terre, la betterave, la carotte, le chou, le maïs, etc.

Froment (2.300.000 hectolitres en moyenne par an ; — le 22e rang parmi les départ. français). — Il y a un siècle, le froment n'était presque pas cultivé dans la Mayenne. Aujourd'hui notre département produit, dans les bonnes années, beaucoup plus de blé qu'il n'en faut pour nourrir les habitants. *La Mayenne exporte des grains à Nantes, Angers, Sablé, le Mans et Paris.*

Orge (1.350.000 hectol. en moyenne par an ; — 1er rang parmi les départements français). — Le département de la Mayenne produit beaucoup d'orge. La plus grande partie de cette orge est consommée sur place pour engraisser les animaux. Le surplus est expédié en *Angleterre* et dans le *Nord de la France* pour la fabrication de la bière.

7. Arbres fruitiers. — Les principaux arbres fruitiers qui croissent dans le département sont le **pommier** et le **poirier** qu'on rencontre partout (*Les poiriers sont cependant beaucoup plus répandus dans l'arrondissement de Mayenne*).

8. Cidre (650.000 quintaux de pommes en moyenne ; — le 9e rang). — La Mayenne produit des cidres renommés qui sont consommés dans le département ou expédiés principalement à Paris.

Vins. — La vigne n'est plus cultivée que dans les environs de St-Denis-d'Anjou où l'on fabrique un vin blanc assez estimé.

9. Animaux domestiques. — Les principaux animaux domestiques du département sont : le cheval, le bœuf, la vache, le mouton, le porc, la chèvre, le chien, et les animaux de la basse-cour.

10. Chevaux (78.000 chevaux ; —

5e rang). — Le département exporte beaucoup de poulains pour le *Perche*, la *Beauce* et le *Nord de la France*.

11. Bestiaux (bœufs, vaches, veaux : 300.000 ; — le 8e rang). — L'élevage des bestiaux est une des principales sources de richesse de notre département. Les bestiaux gras sont consommés sur place ou dirigés sur *Paris* pour servir à l'alimentation de la capitale. (*Chaque année la Mayenne exporte en moyenne 12.000 bestiaux gras pour Paris*).

12. Les bestiaux maigres sont principalement vendus pour les pays de pâturages tels que la *Normandie*, la *Vendée*, le *Nivernais*, le *Poitou*, la *Belgique* et la *Flandre*.

(*Des trois arrondissements, c'est celui de Château-Gontier qui possède les plus belles bêtes à cornes*).

13. Beurre. — Avec le lait de la vache, les fermières fabriquent d'excellent beurre. Il y a des fabriques de beurre à **Entrammes** (Port-du-Salut), à **Loiron**, **St-Pierre-la-Cour**, à **Bazouges**, etc. (*Le département expédie beaucoup de beurre à Paris et en Angleterre*).

14. Fromage. — **Entrammes** (Port-du-Salut), **Bazouges**, **Loiron**.

Le fromage dit *Port-du-Salut* ou *de la Trappe* est vendu en *France*, en *Angleterre*, et dans le *monde entier*.

15. Porcs (80.000 porcs ; — 33e rang). — Les porcs de race craonnaise sont les plus répandus dans le département. Leur chair est très estimée. — *Chaque année le département exporte en moyenne 8.000 porcs gras pour Paris*.

16. Porcelets. — Les porcelets ou petits porcs sont l'objet d'un commerce très important. Ils sont vendus principalement pour la *Normandie*, la *Sarthe*, la *Suisse*, et la *Lorraine*. (*L'arrondissement de Château-Gontier expédie en moyenne chaque année plus de 60.000 porcelets pour sa part*).

17. Volailles. — Le département élève beaucoup de **volailles et en expédie** un très grand nombre à *Paris* et en *Angleterre*.

Les *volailles* de la Mayenne sont aussi exportées dans la *Sarthe* (principalement pour Sillé-le-Guillaume).

Après avoir fait ce petit voyage, elles nous sont souvent réexpédiées sous le nom de « *poulardes du Mans* ». Chose assez curieuse la même volaille revient parfois entre les mains du premier vendeur qui, loin de s'en douter, la paie généralement le double de ce qu'il l'avait vendue quelques jours auparavant.

18. Oies. — Vers la fin de décembre, des wagons entiers d'**oies grasses** sont dirigés sur *Paris* ou l'*Angleterre* (*Principalement d'Evron*).

19. Abeilles (15.000 ruches ; — 56e rang). — Malheureusement l'élevage des abeilles est encore laissé de côté sur certains points du département ou n'est pas l'objet de tous les soins qu'il réclame. Les fermiers ont grand tort, car les abeilles, qui ne coûtent rien à nourrir, rendent de grands services à l'agriculture et rapportent chaque année des bénéfices que les cultivateurs ne devraient pas dédaigner.

20. Pisciculture. — Il y a des établissements de pisciculture à **Montflours** (Richardière) et à **St-Jean-sur-Mayenne** (l'Ame).

21. Ecole d'agriculture. — Il existe une école pratique d'agriculture à **Beauchêne**, près Mayenne.

22. Professeur d'agriculture. — A **Laval** il y a un professeur départemental d'agriculture chargé de répandre dans le département les meilleures méthodes connues en agriculture.

Remarque.   *Des trois arrondissements, c'est celui de Château-Gontier qui renferme le sol le plus fertile et le mieux cultivé. C'est aussi celui dont les céréales donnent le plus fort rendement à l'hectare* (Voir Histoire de la Mayenne, page 118).

Questionnaire. — 1. Que savez-vous sur l'état de l'agriculture aujourd'hui et autrefois dans la Mayenne ? — 2. Quelles plantes cultive-t-on aujourd'hui ? — 3. Quelles étaient celles cultivées autrefois ? — 4. Quels produits agricoles exporte votre commune ? — 5. A quoi sont dûs les progrès réalisés en agriculture dans la commune que vous habitez ? etc.

INDUSTRIES EXTRACTIVES.

(*Pour l'industrie autrefois dans la Mayenne, voir notre Histoire de la Mayenne, pages 64, 97, 114.*)

1. Fer.

Les métaux sont assez rares dans le département de la Mayenne. On y trouve cependant plusieurs gisements de fer dont quelques-uns ont été naguère l'objet d'une exploitation très active. Le minerai était jadis fondu dans les hauts-fourneaux de *Chailland*, *Port-Brillet*, *Aron*, *Moncor* et *Orthe* qui produisaient beaucoup de fer qu'on expédiait en France et à l'étranger. Aujourd'hui tous ces hauts-fourneaux sont abandonnés.

2. Antimoine. — Le Genest.

La mine d'antimoine du Genest, exploitée depuis 1898, occupe 200 ouvriers environ. Le minerai est traité sur place et l'antimoine obtenu est exporté en *France*, en *Belgique*, en *Allemagne*, en *Espagne*, et même jusqu'en *Amérique*.

3. Charbon de terre (ou anthracite). — L'Huisserie (150 ouvriers) ; le Genest (100) ; Montigné (70).

Les anthracites provenant de ces mines sont utilisées dans le département pour la cuisson de la pierre à chaux. A Montigné on fabrique des *agglomérés* ou *briquettes* qui servent à chauffer les poêles, les fourneaux de cuisine, etc. Les produits sont obtenus en pétrissant la poussière d'anthracite avec du goudron.

Aujourd'hui les mines de charbon de terre sont beaucoup moins nombreuses dans la Mayenne, qu'il y a une trentaine d'années.

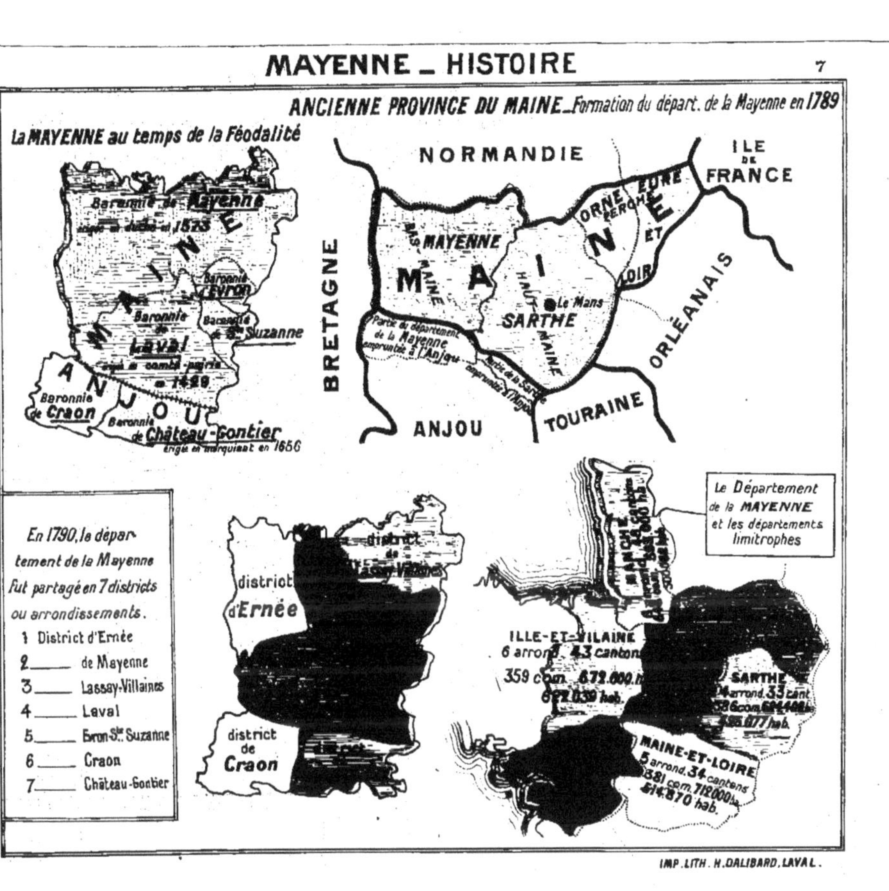
ANCIENNE PROVINCE DU MAINE _ Formation du départ. de la Mayenne en 1789
La MAYENNE au temps de la Féodalité
Baronnie de Mayenne
érigée en duché en 1573
MAINE
Baronnie de LEVRON
Baronnie de Laval
Baronnie de Ste Suzanne
ANJOU
Baronnie de Craon
Baronnie de Château-Gontier
érigée en marquisat en 1656
NORMANDIE
ILE DE FRANCE
BRETAGNE
BAS MAINE
MAYENNE
ORNE PERCHE
EURE ET LOIR
MAINE
HAUT MAINE
SARTHE
Le Mans
ORLÉANAIS
Partie du département de la Mayenne empruntée à l'Anjou
Partie de la Sarthe empruntée à l'Anjou
ANJOU
TOURAINE
En 1790, le département de la Mayenne fut partagé en 7 districts ou arrondissements.
1 District d'Ernée
2 _____ de Mayenne
3 _____ Lassay-Villaines
4 _____ Laval
5 _____ Bron-Ste Suzanne
6 _____ Craon
7 _____ Château-Gontier
district d'Ernée
district de Lassay-Villaines
district de Craon
Le Département de la MAYENNE et les départements limitrophes
MANCHE
ILLE-ET-VILAINE
6 arrond. 43 cantons
359 com. 672.000 h.
622.039 hab.
SARTHE
4 arrond. 33 cant.
386 com. 694.481.
425.077 hab.
MAINE-ET-LOIRE
5 arrond. 34 cantons
381 com. 712.000 h.
514.870 hab.

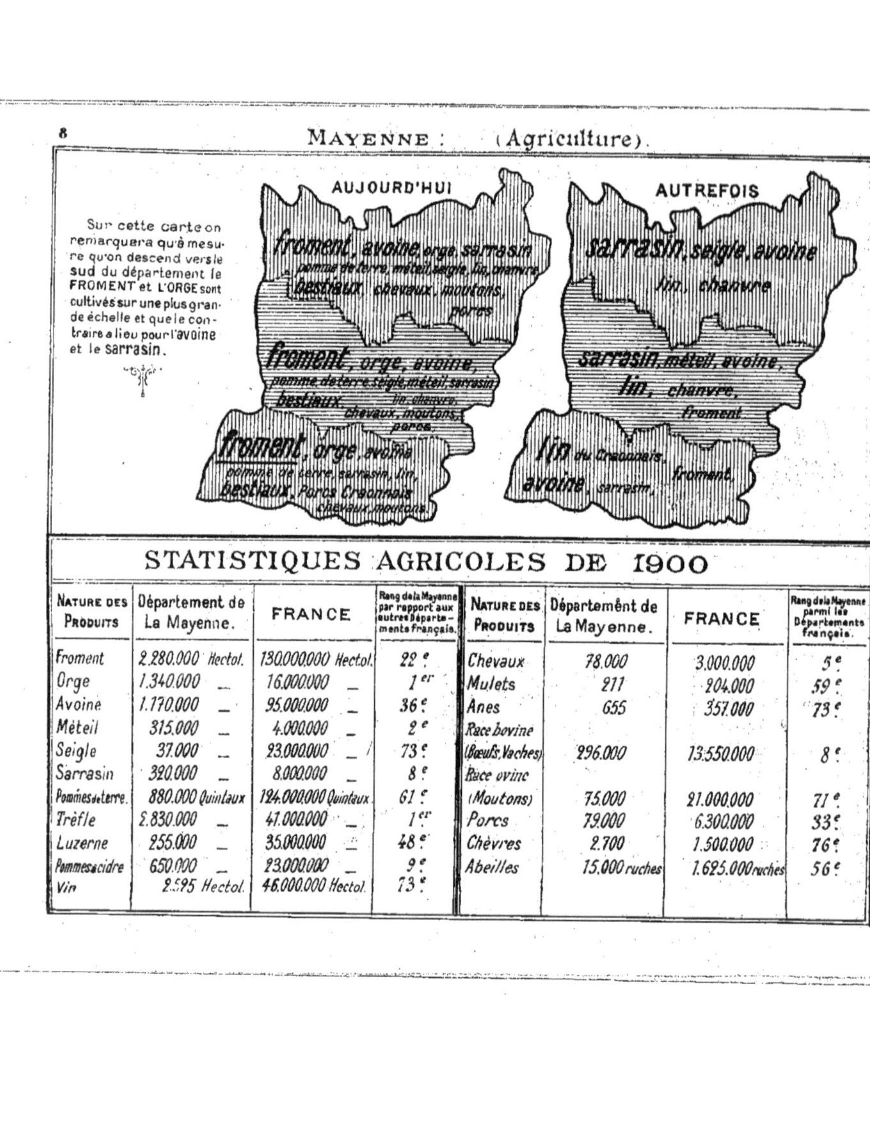

STATISTIQUES AGRICOLES DE 1900

Nature des Produits	Département de La Mayenne.	FRANCE	Rang de la Mayenne par rapport aux autres Départements français.	Nature des Produits	Département de La Mayenne.	FRANCE	Rang de la Mayenne parmi les Départements français.
Froment	2.280.000 Hectol.	130.000.000 Hectol.	22 e	Chevaux	78.000	3.000.000	5 e
Orge	1.340.000 _	16.000.000 _	1 er	Mulets	211	204.000	59 e
Avoine	1.770.000 _	95.000.000 _	36 e	Ânes	655	357.000	73 e
Méteil	315.000 _	4.000.000 _	2 e	Race bovine			
Seigle	37.000 _	23.000.000 _	73 e	(Bœufs, Vaches)	296.000	13.550.000	8 e
Sarrasin	320.000 _	8.000.000 _	8 e	Race ovine			
Pommes de terre.	880.000 Quintaux	124.000.000 Quintaux	61 e	(Moutons)	75.000	21.000.000	71 e
Trèfle	2.830.000 _	41.000.000 _	1 er	Porcs	79.000	6.300.000	33 e
Luzerne	255.000 _	35.000.000 _	48 e	Chèvres	2.700	1.500.000	76 e
Pommes à cidre	650.000 _	23.000.000 _	9 e	Abeilles	15.000 ruches	1.625.000 ruches	56 e
Vin	2.595 Hectol.	46.000.000 Hectol.	73 e				

4. **Ardoise.**—Renazé; Chattemoue.

Le groupe de **Renazé** qui s'étend sur les communes de **Renazé** (1000 ouvriers), **St-Saturnin** (100), **Congrier** (150) est exploité depuis plusieurs siècles. C'est le plus important de tout l'ouest de la France après celui de Trélazé près Angers. Les ardoises, de très bonne qualité, sont vendues en *France*, en *Angleterre*, et en *Allemagne*.

Les ardoisières de **Chattemoue**, situées dans la commune de *Javron*, fournissent un schiste employé pour faire des ardoises, des dalles, des trottoirs, des urinoirs, des dessus de meubles, des tableaux noirs pour les classes, etc.

5. **Marbre.** — Bouère (70 ouvriers). St-Berthevin, Argentré, Louverné.

Les carrières de marbre dans la Mayenne datent d'une époque fort éloignée (1547). Celles de **St-Berthevin** ont jadis fourni de magnifiques colonnes pour les autels des églises d'Avénières, de la Trinité et de St-Vénérand, à Laval, ainsi que pour le Louvre et la Sorbonne à Paris. Aujourd'hui les blocs de marbre provenant des carrières de Louverné, St-Berthevin, Argentré et Bouère sont transportés à la **Marbrerie de St-Pierre** (150 ouvriers), près Laval, et à celle de **Sablé** (Sarthe) (300 ouvriers), pour y être travaillés.

La Mayenne exporte des marbres bruts et travaillés dans toute la *France*, en *Belgique*, en *Angleterre* et même jusqu'en *Amérique*.

6. **Granit.** — Orgères (25 ouvriers), Gorron, Contest, Ernée, Izé, Ambrières, Sacé.

7. **Carrières de pierre calcaire et fours à chaux.** — Saint-Pierre-la-Cour (250 ouvriers), Louverné (200), Montsûrs (100), Grez-en-Bouère, St-Berthevin, Bouère.

Cette industrie est beaucoup moins importante qu'autrefois, la chaux étant moins employée en agriculture depuis qu'on fait usage d'engrais chimiques. Cependant elle occupe encore plus de 1000 ouvriers dans tout le département. Presque tous les fours à chaux du département sont situés dans l'arrondissement de Laval.

La Mayenne exporte beaucoup de chaux en Bretagne, en *Normandie*, en *Anjou* (principalement de St-Pierre-la-Cour, Louverné, Grez, St-Berthevin et Montsûrs).

8. **Macadam.** — Voutré (120 ouvriers).

Les *carrières de porphyre des Coévrons* fournissent un excellent *macadam* destiné à encaisser les rues des villes.

Il y a une trentaine d'années, alors que le pavage en bois n'était pas encore employé à Paris, cette industrie occupait un bien plus grand nombre de personnes.

Aujourd'hui les produits sont exportés principalement à *Paris, Chartres, Tours, Rouen, etc.*

9. **Pavés de grès.** — Viviers (100 ouvriers), St-Denis-de-Gastines (60), La Croixille (30), Ste-Suzanne, St-Brice.

Les pavés sont exportés à *Paris, Rouen*, le *Havre, Dunkerque*, etc.

10. **Briques, tuiles, carreaux, tuyaux de drainage.** — Les Agets-St-Brice (60 ouvriers), Aron (15), St-Jean-sur-Erve, Chemazé, St-Germain-le-Guillaume, Thévalles (près Laval), etc.

Les *pavés, dalles céramiques* et autres *produits réfractaires* des usines des Agets-St-Brice sont principalement employés pour construire des fours à chaux, des foyers, des trottoirs, et pour paver les écuries et les étables.

Pour fabriquer ces produits, de puissantes machines broient et pulvérisent une roche siliceuse amenée de *Changé*. On pétrit la poussière avec l'argile des Agets et on obtient une pâte que l'on fait cuire dans des fours chauffés à une très haute température.

Les produits, qui sont aussi durs que la pierre, jouissent d'une grande réputation. Ils sont exportés à *Château-Gontier, Laval, Sablé* et dans toutes les *villes de la région*.

Poteries. — On fabrique des soupières, des cafetières, des terrines, des pots à fleurs, des vases, etc. aux *Agets-St-Brice* et à *Thévalles* (près Laval).

INDUSTRIES DU VÊTEMENT

11. **Filatures de coton.** — Fontaine-Daniel (400 ouvriers), Laval (Bootz, 300).

Les cotons bruts importés viennent principalement d'Amérique. Ils sont filés et tissés dans le département.

12. **Filature d'amiante.** — Andouillé.

Depuis 1895, il existe à **Andouillé** une usine (200 ouvriers), où l'on file et où l'on tisse les amiantes du **Cap de Bonne-Espérance, du Canada et de Sibérie**. On y fabrique : ficelles, cordages, câbles, papier, carton, tissus, matelas, gants et tabliers pour les ouvriers travaillant dans les fonderies, etc.

Tous les produits qui sortent de cette usine sont incombustibles et reçoivent de nombreuses applications dans l'industrie. Ils sont exportés en *Belgique*, en *Hollande*, en *Suède*, en *Norvège*, en *Russie*.

13. **Coutils-nouveautés. Toiles.** — Laval (3.500 ouvriers, soit dans la ville, soit dans les environs), Mayenne (200).

14. **Mouchoirs.** — Mayenne (2.200 ouvriers, soit dans la ville, soit dans les environs) ; Oisseau (300) ; Fontaine-Daniel ; Laval.

L'industrie des tissus dans la Mayenne date d'une époque fort reculée. Dès le XIIIe siècle on fabriquait des tissus de laine à Laval ; mais le commerce en était peu important. En l'année 1298, Guy IX, baron de Laval, épousa Béatrix de Gavres, comtesse flamande. Celle-ci, frappée de la pauvreté de l'industrie lavalloise, fit venir dans sa nouvelle résidence des maîtres tisserands de son pays qui apprirent aux habitants à cultiver le lin et à fabriquer des toiles.

L'industrie des toiles fut florissante jusqu'au commencement du XIXe siècle, époque à laquelle elle fut peu à peu remplacée par celle des tissus de coton. Aujourd'hui les *coutils-nouveautés* de Laval et les *mouchoirs* de Mayenne jouissent d'une réputation bien méritée. *Ils sont exportés en France, dans nos colonies (Algérie, Madagascar)* et dans *toutes les parties du monde*.

(Autrefois tous les tissus étaient fabriqués à l'aide du métier à tisser, par des tisserands travaillant chez eux. Aujourd'hui le nombre des

tisserands a considérablement diminué depuis l'introduction, dans le pays, du tissage mécanique).

15. Fabriques de chaussures. — Ernée (750 ouvriers), Laval, Gorron. Les fabriques de chaussures d'Ernée datent de 1892. On y fabrique chaque année plus d'un million et demi de chaussures, bon marché, qui sont exportées principalement dans le *midi de la France,* en *Espagne,* en *Algérie* et dans *nos colonies.*

16. Fabrique de chaussons. — Châtillon-sur-Colmont (200 ouvriers environ). On y fabrique chaque année plus de 500.000 chaussons de tresses qui sont vendus dans toute la *France* et à *l'étranger,*

17. Sabots. — Gorron (70 ouvriers), Fougerolles (30), Landivy (30), St-Mars-sur-la-Futaie, Ambrières et un grand nombre de localités de l'arrondissement de Mayenne. Les produits sont exportés à *Flers, Caen, Lisieux, Rouen,* en *Bretagne* et en *Vendée.*

17. Galoches. — Lignières-la-Doucelle (60 ouvriers). On fabrique environ 150.000 paires de galoches par an. Les *produits* sont vendus dans toute la *région.*

19. Fleurs artificielles. — Javron (90 ouvrières environ). On y fabrique toutes sortes de fleurs artificielles.

INDUSTRIES DIVERSES

20. Fonderies. — Port-Brillet (600 ouvriers), Laval, St-Baudelle.

La Fonderie de Port-Brillet est la plus importante du département. On y fabrique fourneaux de cuisine, poêles, calorifères, roues de wagons et de voitures, grilles, colonnes, charrues, rouleaux, marmites, fers à repasser, etc. L'usine possède des ateliers de nickelage et d'émaillage. Les produits sont exportés dans toute la *France,* dans nos *colonies,* et même à *l'étranger.*

21. Néo - métallurgie. — Andouillé (30 ouvriers).

Dans cette usine on chauffe jusqu'à une température de 3580 degrés centigrades des métaux considérés comme réfractaires. Les produits obtenus sont utilisés principalement dans la fabrication des aciers auxquels ils donnent une plus grande dureté et une plus grande résistance.

22. Machines diverses. Instruments agricoles. — Ernée (barattes, pressoirs, etc.), Laval, Lassay, Mayenne, Château-Gontier, Evron, Andouillé et dans toutes les principales localités du département.

23. Traverses pour chemins de fer. — La Chapelle-Anthenaise (50 ouvriers).

Plusieurs scies mécaniques mues par la vapeur débitent le bois en traverses pour chemins de fer. Ces traverses sont ensuite plongées dans de grandes cuves remplies de créosote bouillante afin de mieux résister à l'humidité.

24. Ferblanterie. — Pré-en-Pail (50 ouvriers).

On y fabrique des chaufferettes, des bidons, des lanternes, etc., exportés en *Normandie* et en *Bretagne.*

INDUSTRIES CHIMIQUES

25. Tanneries. — Gorron (120 ouvriers), Lassay (50), Landivy, Meslay, Ernée.

26. Fabrique de colle et gélatine. — Montigné (50 ouvriers). Cette usine qui existe depuis 1895 fabrique de la colle pour les menuisiers et les chapeliers et de la gélatine.

27. Teintureries. — Laval, Mayenne, Château-Gontier, Fontaine-Daniel.

28. Blanchisserie de fil et de coton. — Changé (60 ouvriers).

29. Objets et tissus en caoutchouc. — Mayenne, Aron.

30. Fabrique de Produits chimiques. — Voutré (110 ouvriers).

L'usine de Carbonisation et de Produits chimiques de Voutré date de 1870. On y distille le bois en vases clos et on obtient du charbon de bois, de l'acide acétique (vinaigre) et divers autres produits chimiques (acétates de soude, de plomb, de cuivre, etc). Les *produits* sont exportés à *Paris,* dans toute la *France,* en *Angleterre,* à *Madagascar,* aux *Indes,* à *Saïgon,* et en *Amérique.*

Questionnaire. — 1. Nommez les mines d'anthracite du département ? — 2. Les ardoisières ? etc. — 3. Quelles sont les principales industries de votre commune ? — 4. Quelles industries ont été créées ou abandonnées depuis un siècle. ? — 5. Quels produits industriels exporte votre commune ? — 6. Quels produits industriels importe-t-elle ? etc.

COMMERCE

1. Routes. — On compte dans le département de la Mayenne **10** routes nationales, **21** routes départementales, plus de **120** chemins vicinaux et un grand nombre d'autres chemins non classés.

(Pour l'état des routes autrefois dans la Mayenne, voir Histoire de la Mayenne, pages 100-104).

2. Chemins de fer (*Voir histoire de la Mayenne, pages 117-119*). — Les principales lignes de chemins de fer dans la Mayenne sont :

1° **La ligne de Paris-Brest** qui traverse le département de l'est à l'ouest en le divisant en deux parties à peu près égales. C'est la première ligne construite dans la Mayenne (1855), et c'est aussi la plus importante (elle a double voie).

La Superficie du Département de la MAYENNE comparée à celle de la FRANCE, de l'EUROPE et de la TERRE.

MAYENNE — INDUSTRIES

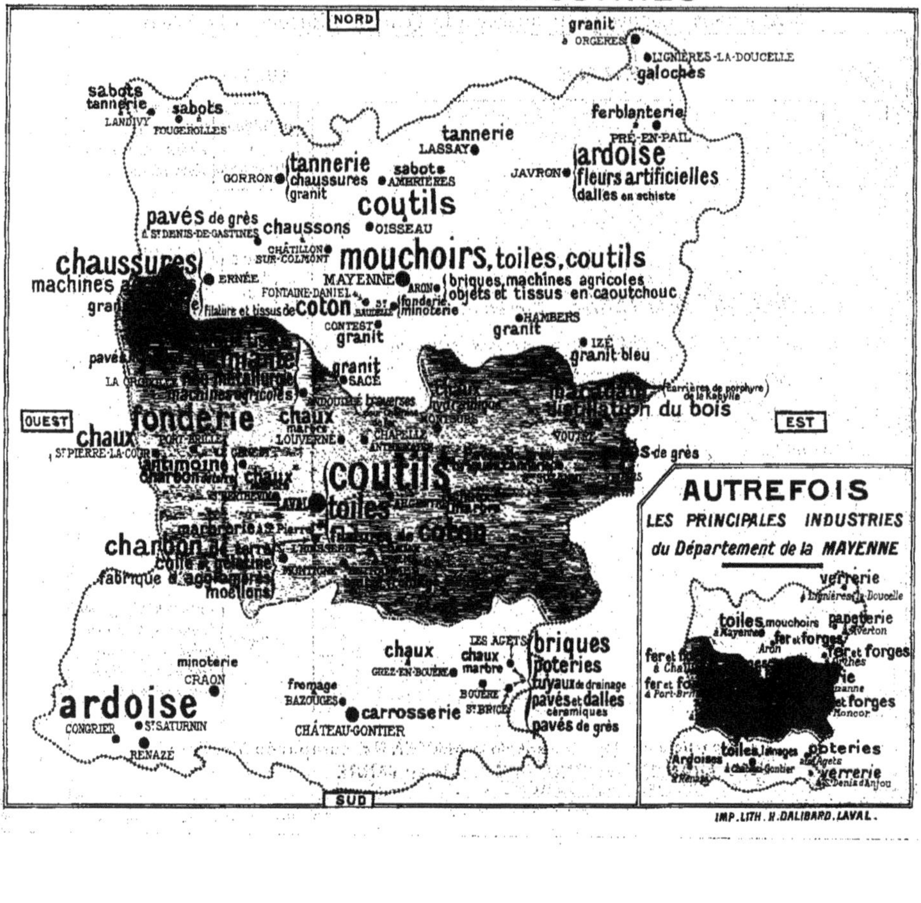

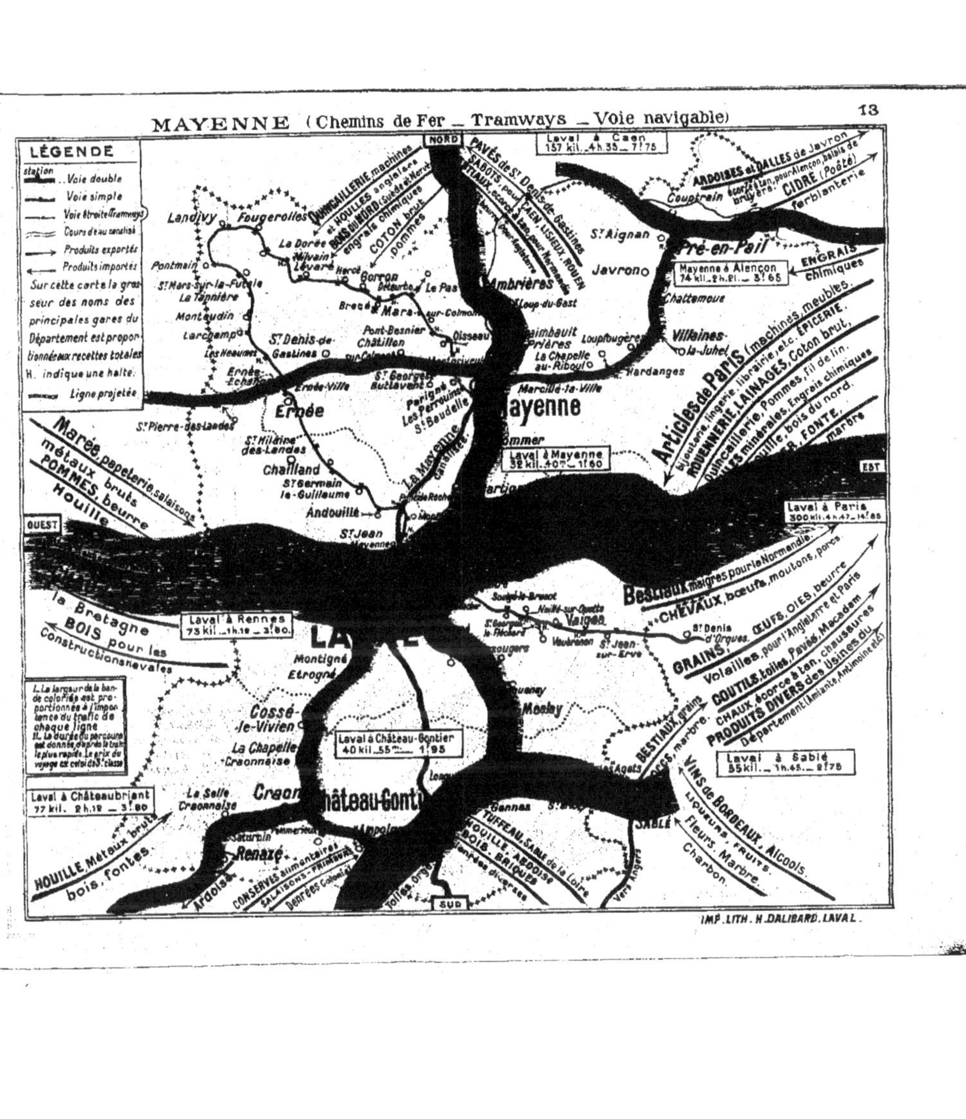

LÉGENDE
station
Voie double
Voie simple
Voie étroite (Tramways)
Cours d'eau navigable
Produits exportés
Produits importés
Sur cette carte la gros-
seur des noms des
principales gares du
Département est propor-
tionnée aux recettes totales
H. indique une halte.
Ligne projetée
NORD
OUEST
EST
SUD
Landivy
Fougerolles
Pontmain
St Mars-sur-la-Futaie
La Tannière
Montaudin
Larchamp
Les Neaumes
Ernée-Échalop
St Pierre-des-landes
La Dorée
Nilvain
Levaré
Hercé
St Denis-de-Gastines
Ernée-Ville
Ernée
St Hilaire-des-Landes
Chailland
St Germain-le-Guillaume
Andouillé
St Jean-sur-Mayenne
St Georges Buttavent
Parigné
Les Perrouins
St Baudelle
Gorron
Désertines
Le Pas
Brecé
Mara-sur-Colmont
Pont-Besnier
Châtillon-sur-Colmont
Oisseau
Ambrières
Loup-du-Gast
Aron
Chaibault
Prières
La Chapelle-au-Riboul
Marcillé-la-Ville
Mayenne
Commer
St Aignan
Javron
Chattemoue
Villaines-la-Juhel
Loupfougères
Hardanges
Pré-en-Pail
Couptrain
Montigné
Étrogné
Cossé-le-Vivien
La Chapelle-Craonnaise
LAVAL
Soulgé-le-Bruant
Nuillé-sur-Ouette
St Georges-le-Fléchard
Vaiges
St Jean-sur-Erve
Vaubranon
St Denis-d'Orgues
Meslay
Louvigné
Bazougers
La Selle-Craonnaise
Craon
Château-Gontier
Renazé
Saturnin
Gannes
SABLÉ
Vers Angers
QUINCAILLERIE machines et HOUILLES anglaises
BOIS du NORD (Suède et Norvège) engrais chimiques
COTON brut, pommes
PAVÉS de St Denis-de-Gastines
SABOTS pour Caen
VITAUX pour la Normandie
CAEN, LISIEUX, ROUEN
Laval à Caen. 157 kil. 4h.35 _ 7f75
ARDOISES et DALLES de Jayron
CIDRE (Poiré)
ferblanterie
ENGRAIS chimiques
Mayenne à Alençon. 74 kil. 2h.21 _ 3f65
Articles de Paris (machines, meubles, bijouterie, lingerie, librairie, etc.) ÉPICERIE.
ROUENNERIE, LAINAGES, Coton brut.
Quincaillerie, Pommes, fil de lin
ENGRAIS minéraux, Engrais chimiques
Houille, bois du nord.
FER, FONTE.
marbre
Laval à Mayenne. 32 kil. 40m _ 1f60
Laval à Paris. 300 kil. 4h.47 _ 14f85
Marée, papeterie, salaisons
métaux bruts
POMMES, beurre
Houille
la Bretagne
BOIS pour les
Constructions navales
Bestiaux maigres pour la Normandie
CHEVAUX, bœufs, moutons, porcs
GRAINS, Volailles pour l'Angleterre et Paris
COUTILS, toiles, Pavés, Macadam
CHAUX, écorce à tan, chaussures
PRODUITS DIVERS des Usines du Département (Amiante, Antimoine etc.)
BESTIAUX, grains
Laval à Rennes. 73 kil. 1h.19 _ 3f80
Laval à Château-Gontier. 40 kil. 55m _ 1f95
Laval à Sablé. 55 kil. 1h.45 _ 2f75
VINS de BORDEAUX, Alcools.
Liqueurs, FRUITS.
Fleurs, Marbre.
Charbon.
Laval à Châteaubriant. 77 kil. 2h.12 _ 3f80
HOUILLE, Métaux bruts, bois, fontes.
Ardoises
CONSERVES alimentaires
SALAISONS, PRIMEURS
Denrées coloniales
TUFFEAU, SABLE de la Loire
HOUILLE, ARDOISE
BOIS, BRIQUES
Denrées diverses
Tolles, orge
La Mayenne
L. La largeur de la bande de coloriée est pro-portionnée à l'impor-tance du trafic de chaque ligne
H. La durée du parcours est donnée d'après le train le plus rapide. Le prix du voyage est celui de 3e classe
IMP. LITH. H. DALIBARD, LAVAL.

(D'après les renseignements puisés dans les ouvrages de M.M.rs
TRIGER , BLAVIER, ŒHLERT.
LÉGENDE
Terrains ou dominent le granit et le diabase.
Terrains ou dominent les grès divers.
Terrains ou dominent les schistes divers.
Terrains ou dominent les graviers, sables et argiles.
Terrains ou dominent les calcaires divers et les marbres.
Terrains ou dominent l'eurite, le porphyre et le pétrosilex.
Gisements de houille et d'anthracite.
Gisements de fer.
m Gisements de manganèse
Gisement d'antimoine
Le Département de la MAYENNE, est situé dans la région NORD-OUEST de la FRANCE.
NORD
NORD-OUEST
OUEST
EST
SUD
Le Département de la MAYENNE occupe au point de Vue de l'étendue, le 72.e rang, parmi les Départements FRANÇAIS. _ Il comprend la 103.e partie de la superficie de la FRANCE.
FRANCE

Cette ligne dessert les stations de Voutré, Neau, Evron, Montsûrs, La Chapelle-Anthenaise, Louverné, **Laval**, le Genest, Port-Brillet et Saint-Pierre-la-Cour ;

2° La **ligne de Laval à Caen** qui dessert les stations de Louverné, la Chapelle-Anthenaise, Martigné, Commer, **Mayenne** Saint-Fraimbault-de-Prières, Saint-Loup-du-Gast, **Ambrières** ;

3° La **ligne de Laval à Château-Gontier** qui dessert les stations de Parné, Arquenay-Bazougers, **Meslay**, Gennes-Longuefuye.

4° La **ligne de Laval à Châteaubriant** qui dessert les stations de Saint-Berthevin, Montigné, Cossé-le-Vivien, la Chapelle-Craonnaise, **Craon**, la Selle-Craonnaise, Saint-Saturnin et **Renazé** ;

5° La ligne de **Mayenne à Alençon** par Marcillé-la-Ville, la Chapelle-au-Riboul, Hardanges, Loupfougères, **Villaines-la-Juhel**, Chattemoue, Javron, Pré-en-Pail ;

6° La ligne **de Mayenne à Fougères** par Saint-Georges-Buttavent, Châtillon-sur-Colmont, **Saint-Denis-de-Gastines**, Ernée, Saint-Pierre-des-Landes.

7° La **ligne de Pré-en-Pail à Domfront** par Couptrain ;

8° La ligne **de Sablé à Châteaubriant** par les Agets-Saint-Brice, Bouère, Grez-en-Bouère, Gennes-Longuefuye, **Château-Gontier**, Chemazé ; (elle a double voie).

9° L'embranchement de **Chemazé à Craon** par Ampoigné et Poiamerieux.

(*Voir Histoire de la Mayenne, pages 177, 119, 125*).

3. **Tramways**. — Le département de la Mayenne possède trois lignes de tramways qui sont :

1° La ligne de **Laval à Saint-Jean-sur-Erve** par Bonchamp, Argentré, Soulgé-le-Bruant, Nuillé-sur-Ouette, Saint-Georges-le-Fléchard, **Vaiges** et **Saint-Jean-sur-Erve** (1) ;

2° La ligne **de Laval à Landivy** par Changé, Saint-Jean-sur-Mayenne, Montflours, **Andouillé**, Saint-Germain-le-Guillaume, Chailland, **Ernée**, Larchamp, Montaudin, Saint-Mars-sur-la-Futaie, Pontmain et **Landivy** ;

3° La **ligne de Landivy à Mayenne** par Fougerolles, la Dorée, Lévaré, Hercé, **Gorron**, Brecé, Saint-Mars-sur-Colmont, **Oisseau**, Parigné et **Mayenne**.

(*La première ligne des tramways a été inaugurée dans le département au mois de mai 1900 (Laval à St-Jean-sur-Erve).*)

COURS D'EAU NAVIGABLE.

4. **La Mayenne** est le seul cours d'eau navigable du département. Elle est canalisée à partir de *Brives*, un peu au-dessus de *Mayenne*, jusqu'à son confluent avec la Loire.

(*Pour les lectures se reporter à l'Histoire de la Mayenne, pages 67, 99, 117, 121*).

IMPORTATION ET EXPORTATION

5. **Foires, Marchés**. — Le grand mouvement d'échanges, c'est-à-dire d'achats et de ventes, se fait principalement les jours de foires et de marchés qui sont très nombreux dans le département.

6. Le département de la Mayenne **importe** principalement les **matières** premières dont l'industrie a besoin pour vivre ; des **boissons** (vins, liqueurs, eaux-de-vie) ; des **denrées coloniales** (épices, café, sucre, thé, etc.) ; des **aliments** (riz, pâtes alimentaires ; conserves alimentaires, etc.) ; des **objets** de toute sorte destinés à l'habitation, à l'ameublement, à l'habillement, à la toilette, aux besoins intellectuels ; des **produits chimiques** ; des **matières premières** ; des **houilles**, etc.

7. Le département de la Mayenne **exporte** principalement les **produits de son agriculture et de son industrie** : Bestiaux maigres et gras, chevaux, porcs, moutons, céréales, œufs, beurre, volailles, oies grasses, coutils-nouveautés, chaux, ardoises, pavés, chaussures, amiante, macadam, antimoine, produits des usines de Port-Brillet et de Voutré, etc.

(*Pour plus de détail se reporter à notre petite Histoire de la Mayenne, pages 117, 121, 122*).

Questionnaire. — 1. Que savez-vous sur l'état des routes, aujourd'hui et autrefois dans la Mayenne ? — 2. Comment se faisaient les transports ? — 3. Nommez les routes qui traversent le bourg ou la ville que vous habitez ? — 4. Nommez les lignes de chemins de fer ou de tramways ? — 5. Par où passeriez-vous pour vous rendre, en chemin de fer, de la localité que vous habitez, à Laval ? à Mayenne ? à Château-Gontier ? etc. — 6. Quels produits importe et exporte votre commune ? etc.

GÉOGRAPHIE ADMINISTRATIVE

(*Voir cartes, pages 17 et 21*).

Nous nous sommes très peu étendu sur la Géographie administrative du département car nous n'aurions fait que répéter les définitions que l'on trouve dans tous les manuels d'instruction civique.

(1) Cette ligne sera bientôt réunie à celle de St-Denis-d'Orques (Sarthe).

1. Chaque **commune** est administrée par un **Maire**. Chaque **arrondissement** est administré par un **Sous-Préfet**. Le **département** est administré par un **Préfet**.

2. Le **Préfet** du département de la Mayenne réside à **Laval**, chef-lieu du département. Il est aidé et suppléé dans ses fonctions par un **secrétaire-général** placé auprès de lui.

3. Le **Préfet** a sous ses ordres deux sous-préfets, résidant l'un à *Mayenne* et l'autre à *Château-Gontier*.

4. Le **Conseil général** de la Mayenne est composé d'autant de membres qu'il y a de cantons dans le département ; c'est-à-dire de **27**. Il se réunit à Laval deux fois par an, en avril et en août.

5 Le **Conseil de préfecture** de la Mayenne est composé de 3 membres nommés par le gouvernement.

6. Armée. — Au point de vue militaire, le département de la Mayenne fait partie du 4e corps d'armée dont le siège est au Mans.

7. Les villes de **Laval** et de **Mayenne** seules ont des garnisons.

8. Justice. — Il y a une justice de paix au chef-lieu de chaque canton ; un tribunal de 1re instance au chef-lieu de chaque arrondissement ; un tribunal de commerce et un conseil de prud'hommes à Laval et à Mayenne.

9. La **Cour d'assises** siège à Laval tous les trois mois.

10. Le département de la Mayenne est compris dans le ressort de la Cour d'appel d'Angers.

11. Instruction publique. L'enseignement primaire est donné dans les écoles primaires de garçons et de filles.

12. L'enseignement primaire supérieur est donné à l'Ecole primaire supérieure professionnelle d'Ernée et dans les Ecoles normales de Laval.

13. L'enseignement secondaire est donné au Lycée de Laval, au collège universitaire de Château-Gontier et dans trois établissements privés (1 à Laval, 1 à Mayenne, 1 à Château-Gontier).

14. A Laval réside **L'Inspecteur d'Académie** chef du personnel enseignant de la Mayenne.

15. L'Inspecteur d'Académie a sous ses ordres quatre Inspecteurs primaires : 1 à Laval, 2 à Mayenne, 1 à Château-Gontier.

16. Le département de la Mayenne fait partie de **l'Académie de Rennes**.

17. Cultes — A la tête du **Clergé** de la Mayenne se trouve **l'évêque** résidant à Laval. Le diocèse de Laval est suffragant de l'archevêché de Tours.

18. A **Laval**, chef-lieu du département, résident encore plusieurs fonctionnaires, chefs de services importants, tels que le **Trésorier-payeur général**, le **Directeur des Contributions directes**, le **Directeur des Contributions indirectes** ; le **Directeur de l'Enregistrement** ; le **Directeur des Postes et télégraphes** ; l'**Ingénieur en chef des Ponts et Chaussées**, etc.

19. Sénateurs-Députés. — Le département de la Mayenne élit cinq députés et trois sénateurs.

Questionnaire. — 1. Comment est administrée votre commune ? — 2. Votre département ? — 3. Combien votre département nomme-t-il de sénateurs ? — 4. De députés ? — 5. Quels sont les chefs des principales administrations résidant au chef-lieu du département ? — 6. Nommez le maire, les adjoints. les conseillers municipaux de votre commune. — 6. Le conseiller général de votre canton ? — 7. Le député, le sénateur, de votre circonscription ?

GÉOGRAPHIE HISTORIQUE

(Voir cartes pages 7 et 18)

(Pour plus de détails se reporter à notre petite histoire du département).

PRINCIPAUX LIEUX HISTORIQUES

ARRONDISSEMENT DE MAYENNE

1. Mayenne. — Guillaume-le-Conquérant s'empara de cette ville en 1064. Les Anglais la prirent en 1425. La ville joua un rôle très important pendant les Guerres de Religion. Les Ligueurs y furent défaits en 1590. Elle tomba entre les mains des Vendéens en 1793. Patrie du Cardinal de Cheverus.

2. Ambrières. — Guillaume-le-Conquérant posséda la ville et y fit construire un château-fort vers 1055. Défaite des Anglais en 1592.

3. Ernée. — Les Vendéens s'en emparèrent en 1793.

4. Gorron. — Ville prise par Guillaume-le-Conquérant en 1069.

5. Jublains. — Ruines du Camp de Jules César. Cette ville fut détruite une première fois par les Barbares, vers 280, et une seconde fois par les Normands à une époque dont il est difficile de préciser la date.

6. Lassay. — Cette ville possède le château-fort le mieux conservé du département. Guillaume-le-Conquérant s'en empara

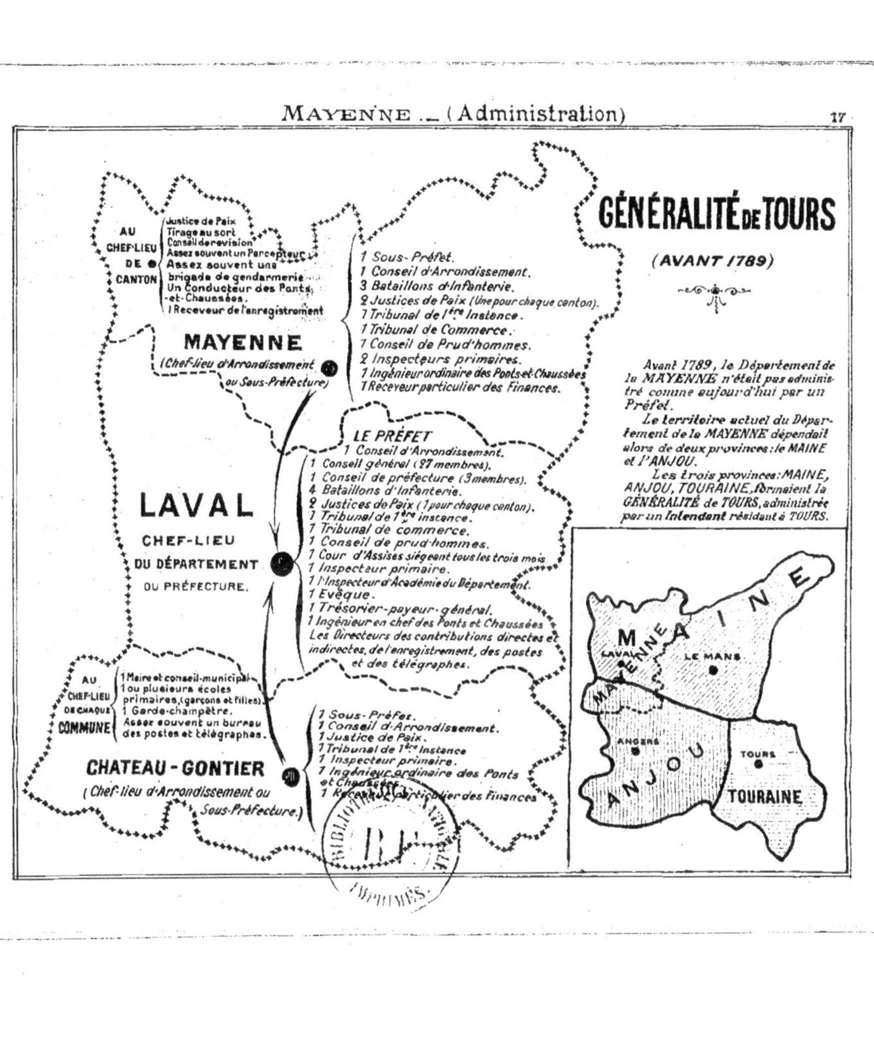
AU CHEF-LIEU DE CANTON
Justice de Paix
Tirage au sort
Conseil de revision
Assez souvent un Percepteur
Assez souvent une brigade de gendarmerie
Un Conducteur des Ponts-et-Chaussées.
1 Receveur de l'enregistrement
MAYENNE
(Chef-lieu d'Arrondissement ou Sous-Préfecture)
1 Sous-Préfet.
1 Conseil d'Arrondissement.
3 Bataillons d'Infanterie.
2 Justices de Paix (Une pour chaque canton).
1 Tribunal de 1re Instance.
1 Tribunal de Commerce.
1 Conseil de Prud'hommes.
2 Inspecteurs primaires.
1 Ingénieur ordinaire des Ponts et Chaussées
1 Receveur particulier des Finances.
LE PRÉFET
1 Conseil d'Arrondissement.
1 Conseil général (27 membres).
1 Conseil de préfecture (3 membres).
4 Bataillons d'Infanterie.
2 Justices de Paix (1 pour chaque canton).
1 Tribunal de 1re instance.
1 Tribunal de commerce.
1 Conseil de prud'hommes.
1 Cour d'Assises siégeant tous les trois mois
1 Inspecteur primaire.
1 l'Inspecteur d'Académie du Département.
1 Evêque.
1 Trésorier-payeur-général.
1 Ingénieur en chef des Ponts et Chaussées
Les Directeurs des contributions directes et indirectes, de l'enregistrement, des postes et des télégraphes.
LAVAL
CHEF-LIEU
DU DÉPARTEMENT
OU PRÉFECTURE.
AU CHEF-LIEU DE CHAQUE COMMUNE
1 Maire et conseil-municipal
1 ou plusieurs écoles primaires, (garçons et filles).
1 Garde-champêtre.
Assez souvent un bureau des postes et télégraphes.
1 Sous-Préfet.
1 Conseil d'Arrondissement.
1 Justice de Paix.
1 Tribunal de 1re Instance
1 Inspecteur primaire.
1 Ingénieur ordinaire des Ponts et Chaussées
1 Receveur particulier des Finances
CHATEAU-GONTIER
(Chef-lieu d'Arrondissement ou Sous-Préfecture.)
GÉNÉRALITÉ DE TOURS
(AVANT 1789)
Avant 1789, le Département de la MAYENNE n'était pas administré comme aujourd'hui par un Préfet.
Le territoire actuel du Département de la MAYENNE dépendait alors de deux provinces : le MAINE et l'ANJOU.
Les trois provinces : MAINE, ANJOU, TOURAINE, formaient la GÉNÉRALITÉ de TOURS, administrée par un Intendant résidant à TOURS.
MAINE
MAYENNE
LAVAL
LE MANS
ANGERS
ANJOU
TOURS
TOURAINE

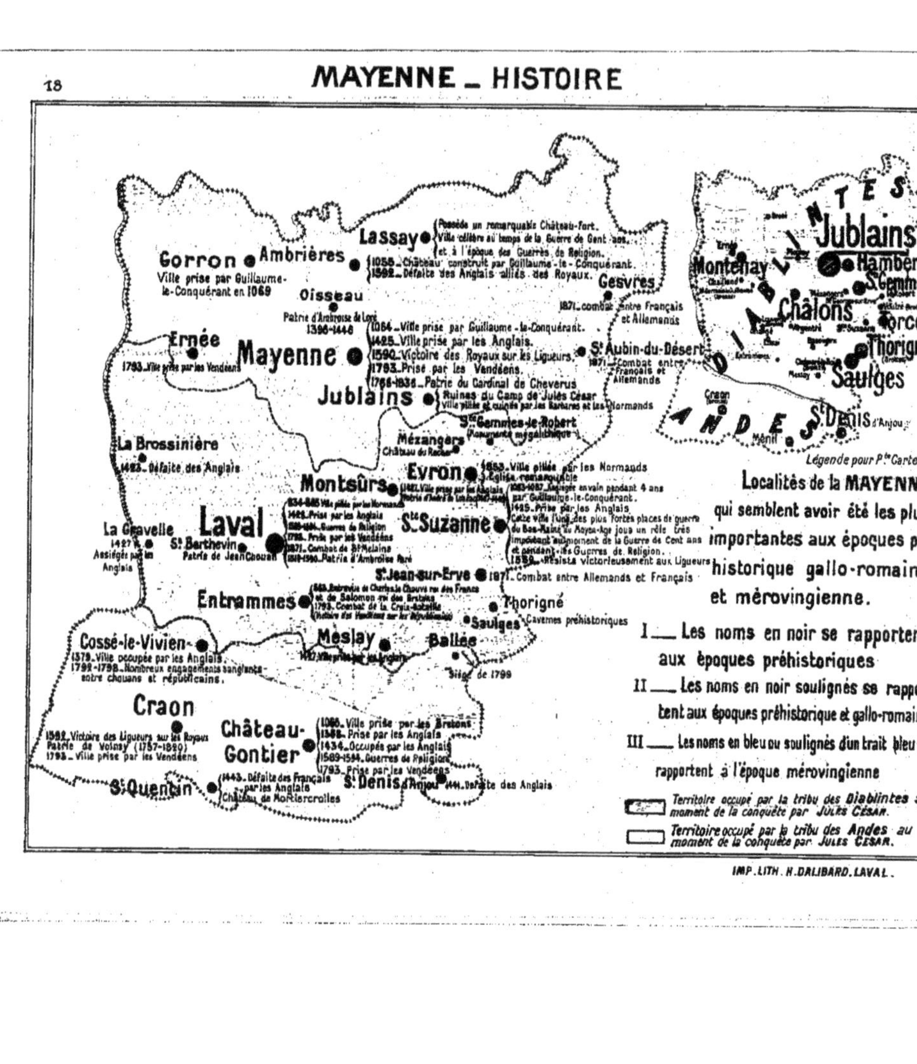

Légende pour P.te Carte

Localités de la MAYENNE qui semblent avoir été les plus importantes aux époques pré historique gallo-romaine et mérovingienne.

I ___ Les noms en noir se rapportent aux époques préhistoriques

II ___ Les noms en noir soulignés se rapportent aux époques préhistorique et gallo-romaine.

III ___ Les noms en bleu ou soulignés d'un trait bleu se rapportent à l'époque mérovingienne

Territoire occupé par la tribu des **Diablintes** au moment de la conquête par *Jules César*.

Territoire occupé par la tribu des **Andes** au moment de la conquête par *Jules César*.

vers 1054. Lassay eut beaucoup à souffrir des Guerres de Religion.

7. Oisseau. — Patrie d'Ambroise de Loré.

8. Gesvres et Saint-Aubin-du-Désert. — Combats entre Français et Allemands, en 1871.

ARRONDISSEMENT DE LAVAL

9. Laval. — Ville pillée par les Normands en 834 et en 865. Prise par les Anglais en 1428. Appartint tantôt aux Ligueurs, tantôt aux Royaux pendant les guerres de Religion. Fut prise par les Vendéens en 1793. Combat de Saint-Melaine en 1871. Remarquable château-fort. Patrie d'Ambroise Paré.

10. Entrammes. — Entrevue de Charles-le-Chauve, roi des Francs et de Salomon, roi des Bretons (863). Défaite de l'armée républicaine par les troupes vendéennes dans les Landes de la Croix-Bataille (1793).

11. Evron. — Ville pillée par les Normands en 853. Possède une église regardée comme le monument religieux le plus remarquable du département.

12. Montsûrs. — Petite ville qui fut tantôt au pouvoir des Français, tantôt au pouvoir des Anglais pendant la guerre de Cent Ans. Le château de Montsûrs appartint à Duguesclin qui y vint plusieurs fois. Patrie d'André-de-Lohéac.

13. Saint-Jean-sur-Erve. — Combat entre Français et Allemands, en 1871.

14. Sainte-Suzanne. — Cette petite ville était l'une des plus importantes places de guerre du Bas-Maine au moyen-âge. Guillaume-le-Conquérant l'assiégea en vain pendant quatre ans (1083-1087). Elle joua un grand rôle au temps de la guerre de Cent Ans et à l'époque des Guerres de Religion.

15. La Brossinière. — Défaite des Anglais (1423).

ARRONDISSEMENT DE CHATEAU-GONTIER.

16. Château-Gontier. — Les Bretons s'emparèrent de cette ville en 1066. Prise par les Anglais en 1368 et en 1434. Appartint tantôt aux Ligueurs, tantôt aux Royaux pendant les Guerres de Religion. Les Vendéens y entrèrent en 1793. Patrie du poète Loyson.

17. Cossé-le-Vivien. — Ville occupée par les Anglais en 1379. Prise par les Vendéens en 1793.

18. Craon. — Victoire des Ligueurs sur les Royaux (1592). Ville prise par les Vendéens (1793). Patrie de Volney.

19. Saint-Denis-d'Anjou. — Défaite des Anglais en 1441.

20. Saint-Quentin. — Défaite des Français par les Anglais (1443). Château de Mortier-Crolle.

21. Ballée. — Siège de 1799.

HOMMES CÉLÈBRES

22. Ambroise de Loré (1396-1446). Né à Oisseau, fut l'un des plus héroïques défenseurs du Maine contre les Anglais pendant la guerre de Cent Ans.

23. André de Laval-Lohéac (1407-1485). Né à Montsûrs, se signala pendant la guerre de Cent Ans comme le plus digne compagnon d'armes d'Ambroise de Loré.

24. Ambroise Paré (1510-1590). Né à Laval et surnommé le « Père de la Chirurgie française », fut médecin des rois Henri II, François II, Charles IX et Henri III. Sa ville natale lui a érigé une statue en 1840.

25. Pyrard. Né à Laval, fut l'un des plus grands voyageurs de son époque. Il s'embarqua à Saint-Malo et visita successivement, de 1601 à 1611, Madagascar, les Indes, le Brésil, l'Espagne et rentra dans son pays natal après d'émouvantes et extraordinaires aventures.

26. Volney (1757-1820). Né à Craon, fut un des plus grands écrivains de son temps. Sa ville natale lui a érigé une statue en 1898.

27. Loyson (1791-1819). Né à Château-Gontier, fut un poète de talent qui, malheureusement, mourut très jeune. Sa ville natale lui a élevé une statue en 1899.

28. Cheverus (1768-1836). Né à Mayenne, fut évêque de Boston, en Amérique, puis archevêque de Bordeaux et se rendit célèbre par ses grandes vertus. Sa ville natale lui a érigé une statue en 1844.

(*Pour plus de détails voir Histoire de la Mayenne, pages 28, 29, 46, 60, 94*).

GÉOGRAPHIE POLITIQUE

1. Le **département de la Mayenne** comprend **3** arrondissements divisés en **27** cantons subdivisés eux-mêmes en **276** communes.

2. Ces **trois arrondissements** sont: l'arrondissement de **Mayenne**, l'ardissement de **Laval** et l'arrondissement de **Château-Gontier**.

3. L'arrondissement de Mayenne comprend *12 cantons* qui sont : Landivy, Gorron, Ernée, Ambrières, Mayenne-ouest, Mayenne-est, Lassay, Le Horps, Couptrain, Pré-en-Pail, Villaines-la-Juhel, Bais.

4. L'arrondissement de Laval comprend *9 cantons* qui sont : Chailland, Loiron, Laval-ouest, Laval-est, Argentré, Montsûrs, Evron, Sainte-Suzanne, Meslay.

5. L'arrondissement de Château-Gontier comprend *6 cantons* qui sont : Cossé-le-Vivien, Saint-Aignan-sur-Roë, Craon, Château-Gontier, Grez-en-Bouère, Bierné.

LOCALITÉS IMPORTANTES.

6. Laval (30.356 habitants). Jolie ville bâtie sur les deux rives de la Mayenne. A droite se trouve la ville ancienne avec son vieux château féodal dont le donjon est fort remarquable ; à gauche s'étend la ville nouvelle qui prend de jour en jour une plus grande extension (quartier de la gare).

Les monuments les plus remarquables sont : le Vieux château, le Palais de Justice, la Cathédrale, l'église d'Avénières, le Séminaire, le Nouveau Musée, le Viaduc, la Caisse d'épargne, etc. Les Promenades de Changé où se dresse la statue du célèbre chirurgien Ambroise Paré et le jardin de la Perrine sont fort goûtés des étrangers.

Laval est une ville industrielle et commerçante. Elle possède de nombreuses et importantes fabriques de coutils et de toiles, des filatures, des teintureries, des fonderies, etc.

7. Mayenne (10.138 hab.). Assez jolie ville bâtie sur les deux rives de la Mayenne. Ses monuments les plus remarquables sont : l'Ancien Château, l'église Notre-Dame, l'église Saint-Martin, la Caserne, etc. Importantes fabriques de tissus en coton pour mouchoirs ; toiles. Patrie du Cardinal de Cheverus.

8. Château-Gontier (6.944 hab.). Jolie petite ville située sur les bords de la Mayenne. On y remarque les églises Saint-Remy et Saint-Jean, la Promenade du Bout-du-Monde, etc. Patrie du poète Loyson. Carrosserie.

9. Ernée (5.099 hab.). Ville très commerçante qui possède d'importantes fabriques de chaussures.

10. Evron (4.089 hab.). Ville commerçante qui possède une église considérée comme le monument religieux le plus remarquable du département.

11. Craon (4.025 hab.). Ville occupant le centre d'une région appelée le **Craonnais**, la plus fertile du département. Patrie de Volney.

12. Renazé (3.654 hab.). Petite ville qui doit sa grande prospérité à ses **ardoisières**, les plus importantes de toute la *région* après celles de Trélazé, près d'Angers.

13. Pré-en-Pail (2.865 hab.). Ferblanterie.

14. Cossé-le-Vivien (2.653 hab.). Foires importantes de bestiaux.

15. Villaines-la-Juhel (2.558 hab.). Marchés de bestiaux très importants.

16. Gorron (2.551 hab.). Tanneries.

17. Ambrières (2.395 hab.). Sabots, granit.

18. Lassay (2.381 hab.). Possède le château-fort le mieux conservé du département. Tanneries.

19. Saint-Denis-D'Anjou (2.111 hab.). Vins blancs.

20. Montsûrs (1.991 hab.). Chaux hydraulique.

21. Meslay (1.697 hab.). Tanneries.

22. Port-Brillet (1.172 hab.). Fonderies.

Questionnaire. — 1. Nommez les hommes célèbres du département ? — 2. Que savez-vous au point de vue historique sur les villes de Laval ? Mayenne ? Craon ? Sainte-Suzanne ? etc. — 3. Nommez les monuments remarquables de la ville ou du bourg que vous habitez ?

Ma commune

1. Quelle commune habitez-vous ? — 2. Nommez celles qui l'entourent ? — 3. Combien de communes dans votre canton ? — 4. Nommez-les ? — 5. Quelle est la plus étendue ? — 6. La plus peuplée ? — 7. Quel est le chef-lieu le plus peuplé de votre canton ? — 8. Quel rang dans le canton occupe votre commune au point de vue de l'étendue ? — 9. De la population totale ? — 10. De la population agglomérée, etc.

Mon canton

1. Quel canton habitez-vous ? — 2. Nommez ceux qui l'entourent ? — 3. Combien de cantons dans votre arrondissement ? — 4. Nommez-les ? — 5. Quel est le plus étendu ? — 6. Le plus peuplé ? — 7. Quelle est la ville la plus peuplée de votre arrondissement ? — 8. Quel rang dans l'arrondissement occupe votre canton au point de vue de la population ? — 9. De l'étendue ? etc.

Mon arrondissement

1. Quel arrondissement habitez-vous ? — 2. Nommez ceux qui l'entourent ? — 3 Quel est sa situation dans le département ? — 4. Quel rang occupe-t-il au point de vue de l'étendue ? — 5. De la population ? — 6. Quelles sont les principales villes de votre arrondissement ? etc.

Dans le tableau ci-contre, la population des communes est donnée d'après le dénombrement de 1901.

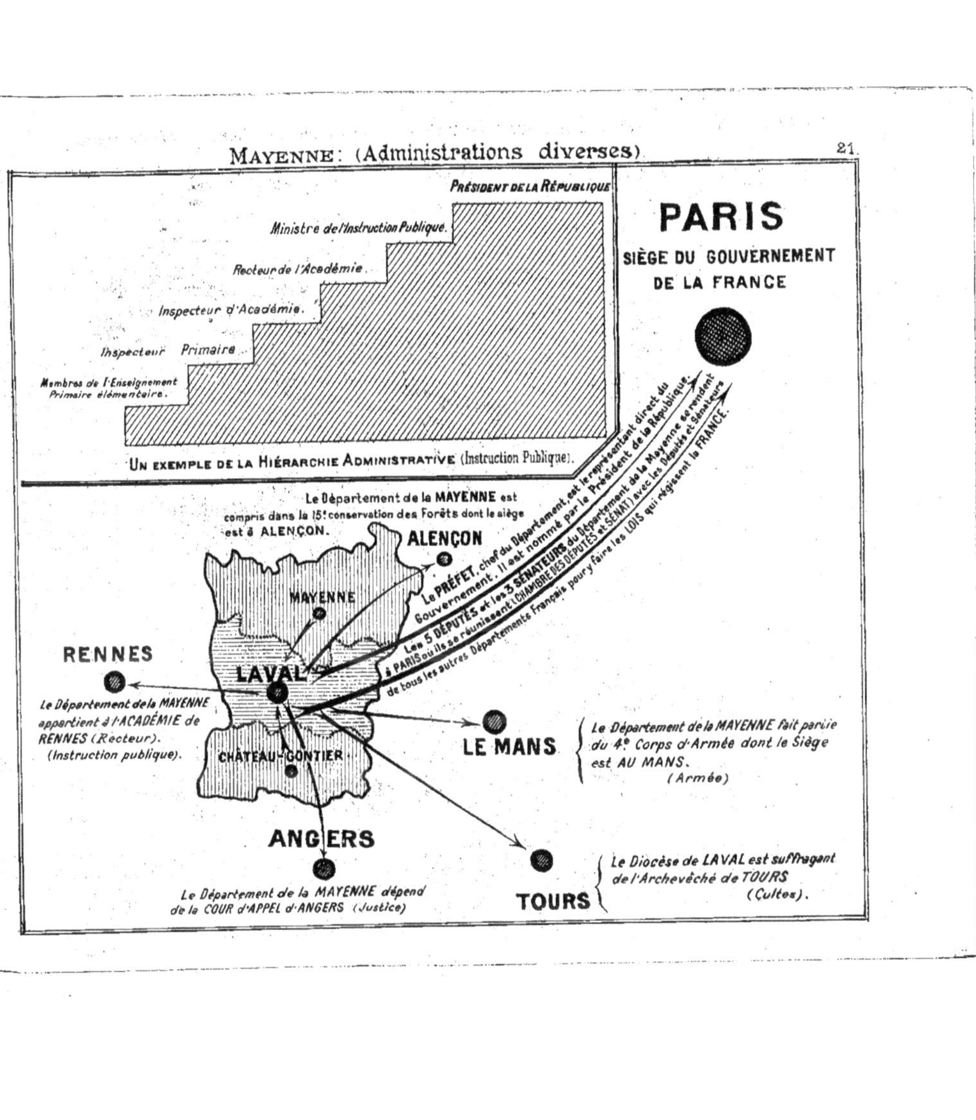

Président de la République
Ministre de l'Instruction Publique.
Recteur de l'Académie.
Inspecteur d'Académie.
Inspecteur Primaire.
Membres de l'Enseignement Primaire élémentaire.
Un exemple de la Hiérarchie Administrative (Instruction Publique).
PARIS
SIÈGE DU GOUVERNEMENT DE LA FRANCE
Le Département de la MAYENNE est compris dans la 15e conservation des Forêts dont le siège est à ALENÇON.
ALENÇON
MAYENNE
Le PRÉFET, chef du Département, est le représentant direct du Gouvernement. Il est nommé par le Président de la République.
Les 5 DÉPUTÉS et les 3 SÉNATEURS du Département de la Mayenne se rendent à PARIS où ils se réunissent l'CHAMBRE DES DÉPUTÉS et SÉNAT) avec les Députés et Sénateurs de tous les autres Départements Français pour y faire les LOIS qui régissent la FRANCE.
RENNES
Le Département de la MAYENNE appartient à l'ACADÉMIE de RENNES (Recteur). (Instruction publique).
LAVAL
CHÂTEAU-GONTIER
LE MANS
Le Département de la MAYENNE fait partie du 4e Corps d'Armée dont le Siège est AU MANS. (Armée)
ANGERS
Le Département de la MAYENNE dépend de la COUR d'APPEL d'ANGERS (Justice)
TOURS
Le Diocèse de LAVAL est suffragant de l'Archevêché de TOURS (Cultes).

MAYENNE _ Divisions administratives : 3 Arrondissements, 27 Cantons, 276 Communes.

LAVAL comparée en population totale aux plus grandes villes du monde.

Londres (Angleterre)	4.400.000 habit.
New-York (Etats-Unis)	3.300.000
Paris (France)	2.536.344
Berlin (Allemagne)	1.700.000
Pékin (Chine)	1.600.000
Canton (Chine)	1.500.000
Chicago (Etats-Unis)	1.500.000
Vienne (Autriche-Hongrie)	1.400.000
Philadelphie (Etats-Unis)	1.300.000
Tokio (Japon)	1.200.000
St Pétersbourg (Russie)	1.200.000
Laval ne compte que	30.000

LA VILLE DE LAVAL comparée en population totale aux villes les plus peuplées des départements limitrophes.

1.	Nantes	123.902 habit.
2.	Angers	77.164
3.	Rennes	69.937
4.	Le Mans	60.075
5.	Cherbourg	40.783
6.	St Nazaire	30.813
7.	Laval	30.356

Principales villes du département classées d'après la population agglomérée. (*Dénombrement de 1901.*)

Laval	28.572 habit.
Mayenne	9.054
Château-Contier	6.944
Ernée	3.793
Craon	3.320
Renazé	2.735
Evron	2.701
Gorron	1.860
Villaines	1.565
Cossé-le-Vivien	1.481
Lassay	1.436
Montsûrs	1.396
Ambrières	1.320
Pré-en-Pail	1.206
Meslay	1.136
Port-Brillet	1.040
St Denis d'Anjou	1.010

LA VILLE DE LAVAL comparée en population aux plus grandes villes de France .(1896)

1.	Paris	2.537.000 habit.
2.	Lyon	466.028
3.	Marseille	442.239
4.	Bordeaux	257.000
5.	Lille	218.000
6.	Toulouse	150.000
7.	St Etienne	140.000

Laval (30.000 habitants) occupe le 62e rang

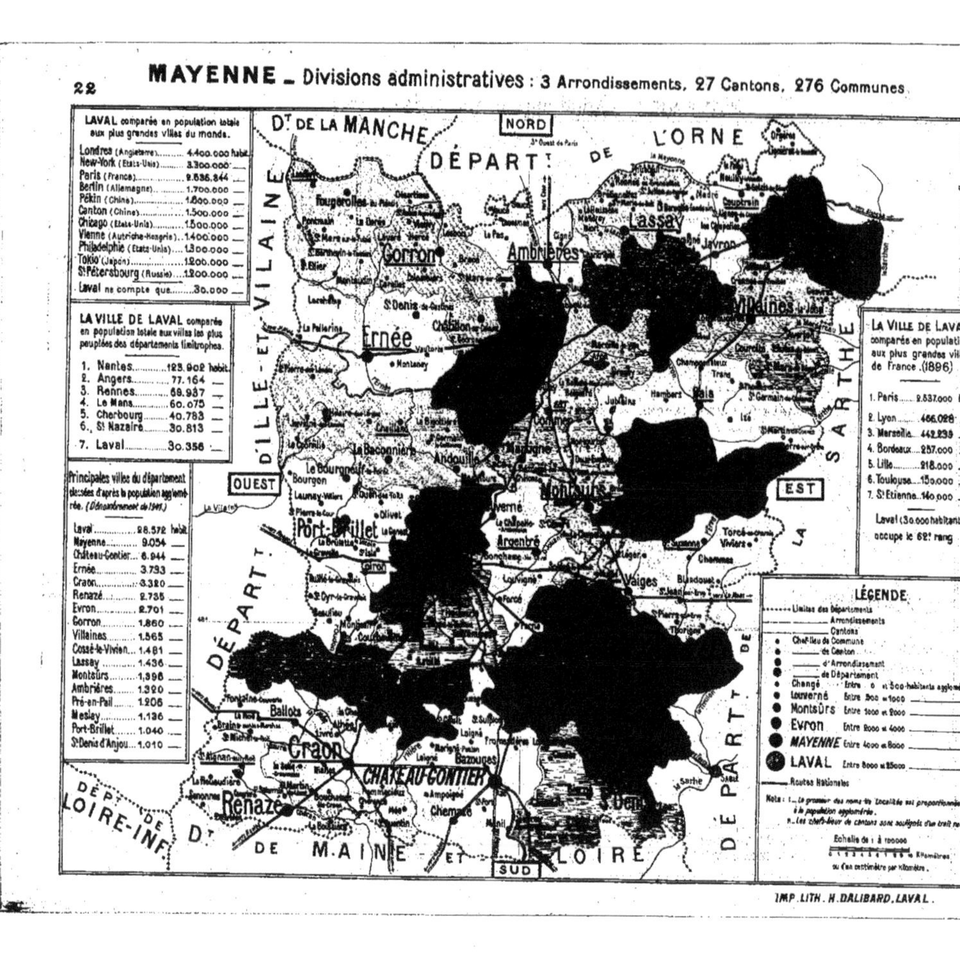

LÉGENDE

- Limites des départements
- Arrondissements
- Cantons
- Chef-lieu de Commune
- de Canton
- d'Arrondissement
- de Département
- Changé — Entre 0 et 500 habitants agglomérés
- Louverné — Entre 500 et 1000
- Montsûrs — Entre 1000 et 2000
- Evron — Entre 2000 et 4000
- MAYENNE — Entre 4000 et 8000
- LAVAL — Entre 8000 et 25000
- Routes Nationales

Nota : 1. Le premier des noms de localité est proportionné à la population agglomérée.
2. Les chefs-lieux de cantons sont soulignés d'un trait noir.

Echelle de 1 à 100000 — Kilomètres ou d'un centimètre par kilomètre.

I. Arrondissement de Mayenne : 12 cantons ; 112 communes ; (130.276 habitants ; 209.203 hectares)

The four columns of each table are: **Noms des communes** | **Population totale de la commune** | **Population agglomérée au chef-lieu** | **Superficie de la com. en hectares**.

1. Canton de Landivy.
(9 communes ; 11.781 habitants ; 19.111 hectares.)

Noms des communes	Pop. totale	Pop. aggl.	Superficie
1. Fougerolles-du-Plessis	2.425	733	3.329
2. Landivy	1.015	448	2.854
3. Montaudin	1.450	388	2.166
4. St-Mars-sur-la-Futaie	1.283	178	2.218
5. Désertines	1.207	218	2.003
6. St-Ellier	945	131	1.795
7. St-Berthevin-la-Tannière	942	88	1.764
8. La Dorée	877	176	1.785
9. Pontmain	740	277	597

2. Canton de Gorron.
(11 communes ; 12.848 habitants ; 19.000 hectares.)

Noms des communes	Pop. totale	Pop. aggl.	Superficie
1. Gorron	2.551	1.860	1.433
2. Châtillon-sur-Colmont	2.053	489	3.962
3. Brecé	1.817	135	3.527
4. St-Mars-sur-Colmont	1.102	222	1.639
5. Colombiers	1.031	127	2.197
6. Carelles	804	195	1.323
7. St-Aubin-Fosse-Louvain	783	88	1.437
8. Lévaré	695	160	1.152
9. Hercé	600	51	1.020
10. Lesbois	485	133	599
11. Vieuvy	357	88	711

3. Canton d'Ernée.
(6 communes ; 12.892 habitants ; 19.287 hectares.)

Noms des communes	Pop. totale	Pop. aggl.	Superficie
1. Ernée	5.099	3.733	3.566
2. St-Denis-de-Gastines	2.783	890	4.801
3. Larchamp	1.750	307	4.018
4. Montenay	1.660	356	3.720
5. Vautorte	1.150	926	2.364
6. La Pellerine	360	77	818

4. Canton d'Ambrières.
(8 communes ; 8.684 habitants ; 11.384 hectares.)

Noms des communes	Pop. totale	Pop. aggl.	Superficie
1. Ambrières	2.395	1.320	2.055
2. Chantrigné	1.397	197	1.802
3. Le Pas	1.347	203	2.190
4. Couesmes	1.100	212	1.738
5. Cigné	1.072	286	1.709
6. St-Loup-du-Gast	727	81	999
7. Soucé	403	53	656
8. Vaucé	240	125	175

5. Canton de Mayenne-ouest.
(9 communes plus une partie de la commune de Mayenne ; 14.788 hab ; 17.434 hectares.)

Noms des communes	Pop. totale	Pop. aggl.	Superficie
1. Mayenne-ouest	5.787	5.431	(1)
2. Oisseau	2.347	843	3.075
3. St-Georges-Buttavent	2.030	412	3.686
4. Contest	921	164	2.296
5. Placé	746	205	2.525
6. Alexain	702	186	1.624
7. St-Baudelle	700	31	1.018
8. La Haie-Traversaine	588	142	1.184
9. St-Germain-d'Anxure	511	197	1.035
10. Parigné	456	48	991

6. Canton de Mayenne-est.
(11 communes plus une partie de la commune de Mayenne ; 13.812 habitants ; 23.563 hectares.)

Noms des communes	Pop. totale	Pop. aggl.	Superficie
1. Mayenne-est	4.951	3.623	1.642 (1)
2. Martigné	1.516	545	3.101
3. Aron	1.510	450	3.327
4. Commer	1.214	535	2.287
5. Marcillé-la-Ville	1.111	191	2.696
6. St-Fraimbault-de-Prières	1.001	211	1.685
7. Grazay	949	205	1.697
8. La Bazouge-des-Alleux	557	129	1.810
9. Sacé	470	133	1.247
10. Belgeard	465	165	1.301
11. Moulay	397	143	806
12. La Bazoche-Montpinçon	271	48	844

7. Canton de Lassay.
(10 communes ; 7.448 habitants ; 10.637 hectares.)

Noms des communes	Pop. totale	Pop. aggl.	Superficie
1. Lassay	2.381	1.436	1.885
2. Niort	1.048	165	1.831
3. Thuboeuf	794	189	1.387
4. Ste-Marie-du-Bois	774	105	1.133
5. St-Julien-du-Terroux	580	87	1.129
6. La Baroche-Gondouin	510	50	1.000
7. Rennes-en-Grenouilles	354	41	786
8. Le Housseau	343	107	529
9. Melleray	338	51	752
10. Brétignoles	203	61	402

8. Canton du Horps.
(10 communes ; 8.147 habitants ; 15.476 hectares.)

Noms des communes	Pop. totale	Pop. aggl.	Superficie
1. Le Horps	1.321	287	2.327
2. Champéon	1.267	223	2.115
3. La Chapelle-au-Riboul	980	235	1.310
4. Le Ribay	867	279	1.738
5. Le Ham	858	156	2.529
6. Hardanges	783	160	1.847
7. Charchigné	748	224	1.491
8. Montreuil	551	222	754
9. Poulay	533	70	872
10. Courberie	239	52	493

9. Canton de Couptrain.
(11 communes ; 9.502 habitants ; 10.606 hectares.)

Noms des communes	Pop. totale	Pop. aggl.	Superficie
1. Javron	2.010	690	2.964
2. Lignières-la-Doucelle	1.534	363	3.484
3. Madré	982	241	1.755
4. Neuilly-le-Vendin	893	354	1.400
5. St-Calais-du-Désert	862	81	1.720
6. St-Aignan	857	161	1.732
7. Chevaigné	747	151	1.314
8. Les Chapelles	542	81	849
9. La Pallu	435	124	654
10. Orgères	328	105	805
11. Couptrain	396	396	69

10. Canton de Pré-en-Pail.
(7 communes ; 8.587 habitants ; 14.450 hectares.)

Noms des communes	Pop. totale	Pop. aggl.	Superficie
1. Pré-en-Pail	2.865	1.206	4.473
2. La Poôté	2.663	542	3.718
3. St-Cyr-en-Pail	990	180	2.055
4. St-Samson	745	96	1.349
5. Champfrémont	624	149	1.300
6. Ravigny	361	9	654
7. Boulay	339	37	901

11. Canton de Villaines-la-Juhel.
(10 communes ; 11.179 habitants ; 21.159 hectares.)

Noms des communes	Pop. totale	Pop. aggl.	Superficie
1. Villaines-la-Juhel	2.558	1.565	2.890
2. Courcité	1.692	399	3.069
3. Gesvres	1.188	164	2.178
4. Averton	1.105	231	4.062
5. St-Germain-de-Coulamer	1.078	166	1.772
6. Loupfougères	918	187	1.877
7. St-Aubin-du-Désert	768	118	1.283
8. Villepail	744	63	1.570
9. St-Mars-du-Désert	682	164	1.187
10. Crennes-sur-Fraubée	416	84	1.271

12. Canton de Bais.
(9 communes ; 12.068 habitants ; 22.096 hectares.)

Noms des communes	Pop. totale	Pop. aggl.	Superficie
1. Bais	1.769	755	2.623
2. St-Pierre-sur-Orthe	1.570	371	3.164
3. Izé	1.510	313	2.816
4. St-Martin-de-Connée	1.475	221	1.949
5. Jublains	1.448	394	3.602
6. Champgenéteux	1.427	331	2.511
7. Hambers	1.350	289	2.593
8. Trans	781	162	1.543
9. St-Thomas-de-Courceriers	738	182	1.295

(1) La commune de Mayenne a une population totale de 10.138 habitants. La population agglomérée s'élève à 9.054 habitants. La superficie totale de la commune est de 1.842 hectares. Une partie de la commune dépend du canton de Mayenne-est ; l'autre se rattache à celui de Mayenne-ouest.

II. Arrondissement de Laval : 9 cantons ; 91 communes ; (112.189 habitants ; 180.853 hectares)

1. Canton de Chailland.
(9 communes ; 13.823 habitants ; 28.434 hectares.)

Noms des communes	Pop. totale	Pop. aggl.	Superficie
1. Juvigné-des-Landes	2.469	452	6.216
2. Andouillé	2.444	742	3.653
3. St-Pierre-des-Landes	1.830	209	4.157
4. Chailland	1.673	411	3.511
5. La Baconnière	1.559	571	2.737
6. St-Hilaire-des-Landes	1.322	229	3.005
7. La Croixille	1.093	251	1.901
8. St-Germain-le-Guillaume	745	237	1.323
9. La Bigottière	688	160	1.841

2. Canton de Loiron.
(14 communes ; 12.850 habitants ; 26.220 hectares.)

Noms des communes	Pop. totale	Pop. aggl.	Superficie
1. Bourgneuf-la-Forêt	1.714	502	2.863
2. St-Pierre-la-Cour	1.240	240	1.391
3. St-Ouën-des-Toits	1.232	352	2.066
4. Port-Brillet	1.172	1.040	826
5. Loiron	1.003	373	2.292
6. Bourgon	956	243	2.007
7. Montjean	874	327	1.974
8. Le Genest	818	230	1.557
9. Beaulieu	668	141	1.973
10. Ruillé-le-Gravelais	615	143	1.094
11. St-Cyr-le-Gravelais	572	45	1.961
12. La Gravelle	503	227	623
13. Olivet	480	142	974
14. La Brûlatte	461	65	1.525

Noms des communes	Population totale de la commune	Population agglomérée au chef-lieu	Superficie de la com. en hectares
15. Launay-Villiers	362	40	1.083
16. St-Isle	180	117	301

3. Canton de Laval-ouest.
(5 communes plus une partie de la commune de Laval ; 23.478 habitants, 12.980 hectares).

Noms des communes	Population totale de la commune	Population agglomérée au chef-lieu	Superficie de la com. en hectares
1. Laval-ouest	17.563	16.777	(2)
2. St-Berthevin	1.621	990	3.178
3. Changé	1.544	301	3.486
4. Ahuillé	1.140	356	2.987
5. St-Jean-sur-Mayenne	858	236	1.781
6. St-Germain-le-Fouilloux	752	234	1.548

4. Canton de Laval-est.
(6 communes plus une partie de la commune de Laval ; 18.257 habitants ; 15.399 hectares).

Noms des communes	Population totale de la commune	Population agglomérée au chef-lieu	Superficie de la com. en hectares
1. Laval-est	12.703	11.795	3.352(2)
2. Entrammes	1.202	460	2.613
3. Nuillé-sur-Vicoin	1.132	482	2.359
4. L'Huisserie	902	292	1.472
5. Montigné-le-Brillant	849	148	1.738
6. Astillé	743	186	2.073
7. Courbeveille	576	117	1.792

5. Canton d'Argentré.
(9 communes ; 6.818 habitants ; 10.353 hectares).

Noms des communes	Population totale de la commune	Population agglomérée au chef-lieu	Superficie de la com. en hectares
1. Argentré	1.456	526	3.676
2. Louverné	1.412	500	2.058
3. Bonchamp-lès-Laval	939	189	2.837
4. Parné	883	419	2.374
5. La Chapelle-Anthenaise	655	171	1.089
6. Châlons	538	290	967
7. Louvigné	383	108	1.256
8. Montflours	317	79	793
9. Forcé	235	153	403

III. Arrondissement de Château-Gontier : 6 cantons ; 73 communes ; (69.751 habitants ; 127.009 hectares).

1. Canton de Cossé-le-Vivien.
(11 communes ; 10.217 habitants ; 19.808 hectares).

Noms des communes	Population totale de la commune	Population agglomérée au chef-lieu	Superficie de la com. en hectares
1. Cossé-le-Vivien	2.653	1.481	4.440
2. Quelaines	1.081	693	3.411
3. Cuillé	1.560	573	2.166
4. Méral	1.200	414	2.955
5. Saint-Poix	535	224	738
6. Cosmes	524	191	1.308
7. La Chapelle-Craonnaise	486	154	831
8. Laubrières	498	86	1.046
9. Peuton	378	110	1.058
10. Simplé	375	132	910
11. Gastines	327	82	885

2. Canton de St-Aignan-sur-Roë.
(12 communes ; 12.196 habitants ; 19.486 hectares).

Noms des communes	Population totale de la commune	Population agglomérée au chef-lieu	Superficie de la com. en hectares
1. Renazé	3.054	2.735	1.672
2. Ballots	1.770	525	3.601
3. Congrier	1.315	394	2.428
4. St-Aignan-sur-Roë	983	485	1.831
5. Fontaine-Couverte	819	84	2.165
6. St-Saturnin	638	195	1.070
7. St-Michel-la-Roë	621	102	1.322
8. Brains-sur-les-Marches	607	201	768
9. La Rouaudière	573	82	1.890
10. La Roë	501	279	876
11. Senonnes	564	231	1.313
12. St-Erblon	241	32	550

6. Canton de Montsûrs.
(10 communes ; 6.715 habitants ; 13.503 hectares).

Noms des communes	Population totale de la commune	Population agglomérée au chef-lieu	Superficie de la com. en hectares
1. Montsûrs	1.991	1.396	911
2. Montourtier	795	203	1.909
3. St-Cénéré	703	105	2.003
4. Soulgé-le-Bruant	672	415	1.347
5. Brée	669	238	1.642
6. La Chapelle-Rainsouin	504	170	1.692
7. Deux-Evailles	428	97	1.193
8. Gesnes	343	122	1.121
9. St-Ouen-des-Vallons	312	79	738
10. Nuillé-sur-Ouette	298	21	947

7. Canton d'Evron.
(11 communes ; 12.560 habitants ; 22.993 hectares).

Noms des communes	Population totale de la commune	Population agglomérée au chef-lieu	Superficie de la com. en hectares
1. Evron	4.089	2.701	3.532
2. Ste-Gemmes-le-Robert	1.623	333	3.568
3. Voutré	1.409	300	1.857
4. St-Georges-sur-Erve	985	163	2.017
5. St-Christophe-du-Luat	905	263	2.085
6. Vimarcé	756	171	2.077
7. Mézangers	725	160	2.934
8. Assé-le-Bérenger	610	224	1.168
9. Neau	608	291	1.265
10. Châtres	564	213	1.360
11. Livet	288	23	1.116

8. Canton de Ste-Suzanne.
(10 communes ; 7.989 habitants ; 21.049 hectares).

Noms des communes	Population totale de la commune	Population agglomérée au chef-lieu	Superficie de la com. en hectares
1. Ste-Suzanne	1.387	432	2.315
2. Vaiges	1.346	606	3.626
3. Torcé	946	382	2.037
4. Viviers	936	229	2.840
5. St-Jean-sur-Erve	913	230	2.539
6. Chammes	702	229	2.106
7. Thorigné	516	132	1.857
8. St-Léger	490	74	1.722
9. Blandouet	444	162	1.133
10. St-Pierre-sur-Erve	319	115	874

9. Canton de Meslay.
(14 communes ; 9.689 habitants ; 24.947 hectares).

Noms des communes	Population totale de la commune	Population agglomérée au chef-lieu	Superficie de la com. en hectares
1. Meslay	1.697	1.130	2.418
2. Bazougers	1.214	454	3.172
3. Chémeré-le-Roi	929	539	1.548
4. La Bazouge-de-Chémeré	877	333	2.484
5. Arquenay	765	237	2.525
6. Saulges	647	132	2.181
7. Cossé-en-Champagne	637	157	2.088
8. La Cropte	561	167	1.415
9. Le Bignon	543	93	1.429
10. Maisoncelles	444	110	1.582
11. Epineux-le-Séguin	424	195	974
12. St-Denis-du-Maine	397	97	1.455
13. St-Georges-le-Fléchard	330	161	844
14. Bannes	224	94	832

(2) La commune de Laval a une population totale de 30.356 habitants. La population agglomérée s'élève à 28.572 habitants. La superficie totale de la commune est de 3.352 hectares. Une partie de la commune dépend du canton de Laval-est ; l'autre se rattache à celui de Laval-ouest.

3. Canton de Craon.
(13 communes ; 21.022 habitants ; 24.362 hectares).

Noms des communes	Population totale de la commune	Population agglomérée au chef-lieu	Superficie de la com. en hectares
1. Craon	4.025	3.320	2.456
2. La Selle-Craonnaise	1.265	301	2.918
3. Livré	1.158	283	3.008
4. Pommerieux	919	227	2.390
5. Saint-Quentin	805	167	1.781
6. Athée	787	111	1.724
7. St-Martin-du-Limet	687	155	1.236
8. Bouchamps-lès-Craon	635	172	1.809
9. Mée	419	179	875
10. Niafles	383	110	800
11. Denazé	350	118	930
12. Chérancé	316	101	873
13. La Boissière	73	46	632

4. Canton de Château-Gontier.
(15 communes ; 18.393 habitants ; 27.771 hectares).

Noms des communes	Population totale de la commune	Population agglomérée au chef-lieu	Superficie de la com. en hectares
1. Château-Gontier	6.914	6.944	245
2. Chemazé	1.516	540	2.529
3. Bazouges	1.498	521	3.854
4. Ménil	1.147	485	2.870
5. Azé	1.135	285	2.981
6. Fromentières	997	262	2.206
7. Laigné	962	391	2.154
8. Loigné	831	228	2.031
9. Ampoigné	781	205	2.112
10. Houssay	637	229	1.435
11. Marigné-Peuton	634	273	1.661
12. St-Fort	487	80	1.079
13. St-Sulpice	365	113	818
14. Origné	344	63	1.003
15. St-Gault	315	37	793

5. Canton de Grez-en-Bouère.
(12 communes ; 9.289 habitants ; 21.245 hectares).

Noms des communes	Population totale de la commune	Population agglomérée au chef-lieu	Superficie de la com. en hectares
1. Bouère	1.800	698	4.254
2. Grez-en-Bouère	1.556	653	2.729
3. Villiers-Charlemagne	1.187	474	2.759
4. Ruillé-Froid-Fonds	931	254	2.356
5. Ballée	805	483	1.419
6. St-Brice	681	166	1.328
7. Le Buret	476	169	1.292
8. Bouessay	469	278	934
9. St-Loup-du-Dorat	424	249	829
10. Beaumont-Pied-de-Bœuf	344	90	1.331
11. St-Charles	324	35	1.061
12. Préaux	292	44	958

6. Canton de Bierné.
(10 communes ; 7.434 habitants ; 17.337 hectares).

Noms des communes	Population totale de la commune	Population agglomérée au chef-lieu	Superficie de la com. en hectares
1. St-Denis-d'Anjou	2.111	1.010	4.300
2. Gennes	1.020	374	2.597
3. Bierné	927	430	2.415
4. Daon	923	516	1.793
5. Coudray	520	260	1.101
6. Châtelain	513	220	1.342
7. St-Laurent-des-Mortiers	450	206	1.006
8. Longuefuye	387	75	1.432
9. St-Michel-de-Feins	302	168	675
10. Argenton	281	127	676

ANDRÉ DE LAVAL-LOHÉAC, né au château de Montaûrs

(D'après une gravure de la Bibliothèque de Laval). Cliché J. HAY

André de Lohéac (1407-1485), fut l'un des plus intrépides défenseurs du Bas-Maine pendant la guerre de Cent-Ans. A 16 ans, il se distingua tellement à la bataille de la Brossinière qu'il fut armé chevalier le soir même du combat. En 1428, lorsque les Anglais s'emparèrent par surprise de la ville de Laval, de Lohéac s'enferma dans le donjon et ne se rendit qu'au bout du sixième jour, quand les vivres et les munitions furent épuisés. Il battit les Anglais dans plusieurs rencontres et fut, avec Ambroise de Loré et Duguesclin, l'un des plus braves capitaines de son temps. Il fut élevé à la dignité de maréchal de France et mourut à Laval en 1485. Son corps repose sous le sol de la Place des Arts à Laval.

STATUE DE VOLNEY, à Craon

(Photographié par M. BLANCHET, communiqué par M. J. LEMAITRE, directeur d'école à Craon). Cliché J. HAY.

Volney (1757-1820), né à Craon, fut un des meilleurs écrivains de son temps. Ses ouvrages les plus remarquables sont : le *Voyage en Égypte* et en *Syrie*; les *Ruines* ou Méditations sur les Révolutions des Empires.

Sa ville natale lui a érigé une statue en 1897.

VIADUC DE LAVAL
(D'après une photographie de M. Bouvier-Dreux). Cliché J. Hay

Construit en 1855, en granit du pays (Andouillé, Sacé). Mesure 128 mètres de long sur 28 mètres de haut. A coûté presque un million de francs. Livre passage à la ligne de Paris-Brest.

VIEUX CHATEAU-FORT DE LAVAL
(D'après une photographie de M. Bouvier-Dreux). Cliché J. Hay.

Construit vers 1020 sur l'emplacement d'un ancien fort en bois détruit par les Normands en 865. Possède un donjon très remarquable. Ce château, défendu par André de Lohéac, fut assiégé et pris par les Anglais en 1428 et resta pendant un an et demi en leur pouvoir. Eut à souffrir des Guerres de Religion. Son dernier possesseur, le prince de Talmont, mourut guillotiné à Laval, en 1793. Ce château sert de prison départementale depuis 1800.

ÉGLISE D'AVÉNIÈRES
(D'après une photographie de M. Bouvier-Dreux). Cliché J. Hay

L'église d'Avénières dont l'origine remonte à 1050 a subi plusieurs modifications aux xve, xviie, xixe siècles. La magnifique flèche dentelée date de 1534. C'est, avec l'église d'Evron, le monument religieux le plus remarquable du département.

MONUMENT DE St-MELAINE

(Cliché communiqué par M. Moreau, président de la Commission historique et archéologique de la Mayenne)

Ce monument a été érigé le 16 octobre 1892, sur la route de Laval au Mans, tout près du château de St-Melaine, à l'endroit même où tombèrent nos braves soldats dans le combat livré aux Allemands, le 18 janvier 1871.

Dans ce combat, les Français repoussèrent 4.200 Prussiens qui venaient faire une démonstration sur Laval. Une centaine d'Allemands furent tués. Les Français perdirent quelques hommes seulement.

STATUE D'AMBROISE PARÉ à Laval
(Cliché T. Hay)

Ambroise Paré naquit à Laval vers 1510 et mourut à Paris en 1590. Par ses belles découvertes il mérita le surnom de « Père de la chirurgie française ». Il fut médecin des rois Henri II, François II, Charles IX et Henri III. En 1840 sa ville natale lui a érigé une magnifique statue en bronze due au ciseau du célèbre sculpteur David d'Angers.

LE JARDIN DU CHATEAU, LE THÉATRE à Mayenne

VIEUX CHATEAU DE MAYENNE
(Voir notice explicative page 29)

*(Nous devons la reproduction des 4 gravures ci-dessus à l'obligeance de
M. Poirier-Béalu, libraire à Mayenne, qui a bien voulu mettre à
notre disposition les clichés qu'il possédait)*

ÉGLISE NOTRE-DAME à Mayenne

**STATUE DU CARDINAL DE CHEVERUS
à Mayenne**

Le cardinal de Cheverus (1768-1836), fut un des hommes les plus vertueux de son temps. Il fut évêque de Boston (Amérique), de Montauban (en France), puis archevêque de Bordeaux, et fut promu cardinal l'année même de sa mort. En 1844 sa ville natale lui a érigé une magnifique statue en bronze due au ciseau du sculpteur David d'Angers.

ÉGLISE D'ÉVRON

(D'après, une gravure extraite de La Mayenne pittoresque
de M. MESSAGER). Cliché J. HAY.

L'Église d'Évron qui date du XIe siècle a été profondément remaniée et embellie dans les siècles suivants.

Aujourd'hui, c'est au point de vue de l'architecture le monument religieux le plus remarquable du département.

On y admire la chapelle Saint-Crespin avec ses anciennes peintures et ses magnifiques décorations.

Le clocher effilé et fortement incliné, domine de beaucoup l'édifice.

A gauche se trouve une énorme tour carrée avec sa ceinture de mâchicoulis.

CHATEAU DE MAYENNE

(D'après un cliché communiqué par M. MOREAU)

Le château de Mayenne fut construit au XIe siècle sur un rocher qui domine le cours de la rivière la Mayenne. Il fut assiégé et pris par Guillaume-le-Bâtard (plus tard le Conquérant), en 1063.

Il eut beaucoup à souffrir de la Guerre de Cent-Ans et tomba au pouvoir des Anglais en 1425.

Joua un rôle très important à l'époque des Guerres de Religion. En 1590, les Ligueurs venus pour s'en emparer y furent complètement défaits par les Royaux.

VUE
DU BOUT-DU-MONDE
(côté du jardin anglais)
à Château-Gontier

(Ce cliché ainsi que celui de l'église Saint-Jean nous ont été obligeamment communiqués par M. VEAU-BESNARDEAU, libraire-imprimeur à Château-Gontier).

CHATEAU DE St.-OUEN
à Chemazé

(D'après une gravure extraite du Bulletin Historique de la Mayenne). Cliché J. HAY.

Le château de Saint-Ouen qui remonte à la fin du xvᵉ siècle et au commencement du xvıᵉ est un des plus beaux spécimens de l'architecture, style Renaissance. On y admire de fines sculptures extérieures, un merveilleux escalier, de belles cheminées et des œuvres d'art qui décorent toutes les pièces.

STATUE
DU
POÈTE CHARLES LOYSON
à Château-Gontier

D'après une photographie de M. THIBAULT, greffier de paix, à Château-Gontier). Cliché J. HAY.

Charles Loyson (1791-1819) fut un publiciste distingué et un poète remarquable qui malheureusement mourut trop jeune et ne put nous donner tout ce que son talent promettait.

Dans ses vers il a chanté sa ville natale et les rives de la Mayenne.

La ville de Château-Gontier lui a érigé une statue en 1899.

(*D'après une gravure extraite du Bulletin historique de la Mayenne*)
Cliché J. Hay.

CHATEAU DE MORTIERCROLLE (Saint-Quentin)
PORTE D'ENTRÉE

Le château de Mortiercrolle, bâti à la fin du xvᵉ siècle, par Pierre de Rohan, a été autrefois une vaste demeure seigneuriale et militaire. — La seigneurie a jadis appartenu aux familles Duguesclin et de Rohan. — Aujourd'hui, le château avec ses fossés larges et profonds, ses hautes et épaisses murailles dont quelques-unes sont détruites par le temps et ses énormes tours lézardées, nous offre encore un aspect assez imposant pour nous donner une idée de ce que devait être naguère cette importante forteresse et cette somptueuse habitation.

ÉGLISE SAINT-JEAN, à Château-Gontier
(*Cliché de M. Veau-Besnardeau*).

CHÂTEAU DE LASSAY

(Cliché communiqué par M. ...)

Le premier château de Lassay, bâti au commencement du XIe siècle, joua un rôle assez important au début de la Guerre de Cent ans. [...] par son possesseur qui ne le trouvait pas en état de soutenir un long siège, il fut reconstruit en 1458 et entouré de hautes tours et [...] murailles. Il devint ainsi l'un des plus difficiles à prendre de la région. Pendant les Guerres de Religion il fut [...] son gouverneur assassiné par des envoyés du terrible Du Plessis de Cosmes. Aujourd'hui le château de Lassay, le mieux conservé [...], est certainement l'un des plus intéressants à visiter.

(D'après un dessin de M. Lemayre). Cliché J. Hay.

VUE DE SAINTE-SUZANNE

La petite ville de Sainte-Suzanne, bâtie au sommet d'un rocher escarpé, au pied duquel coule l'Erve, était au Moyen-Age l'une des plus importantes places de guerre du Bas-Maine. La forteresse qui date du xe siècle se composait de l'enceinte du château, du donjon et de l'enceinte de ville. On y voyait des murailles hautes de 20 mètres, épaisses de 3 mètres et flanquées de distance en distance de nombreuses tours mesurant de 25 à 30 mètres d'élévation. Le donjon qui servait de dernier refuge en cas de siège était formé d'une grosse tour haute de 40 mètres, longue de 15 et large de 8. Aujourd'hui les murailles qui entourent la ville sont moins élevées qu'autrefois, le haut du donjon est détruit et un certain nombre de tours et de remparts ont disparu. Sainte-Suzanne fut assiégée pendant 4 ans (1083-1087) par Guillaume-le-Conquérant qui ne put s'en emparer. La ville joua un rôle très important pendant la guerre de Cent Ans et à l'époque des guerres de Religion.

LE CHATEAU DU ROCHER (Mézangers)

(D'après un cliché communiqué par M. Moreau).

Le beau château du Rocher a été construit dans ses parties principales à l'époque de la Renaissance. La seule pierre employée est le granit qui est finement travaillé. Ce château est un des monuments les plus purs du style Renaissance dans le département de la Mayenne.

MONUMENT DE SAINT-JEAN-SUR-ERVE

Cliché J. Hay.

Ce monument a été élevé le 24 octobre 1897, en souvenir du combat glorieux que nos soldats livrèrent aux Allemands, le 15 janvier 1871 dans le bourg de Saint-Jean-sur-Erve. Dans ce combat inégal, 6.000 Français commandés par le vice-amiral Jauréguiberry résistèrent pendant une demi-journée à un bien plus grand nombre de Prussiens qui ne purent s'emparer de Saint-Jean-sur-Erve que pendant la nuit et après avoir reçu des renforts. Les Français eurent 300 tués, blessés ou disparus. Les Allemands perdirent 1.000 à 1.200 hommes.

RUINES DU DONJON DE VILLAINES-LA-JUHEL

Au xv⁰ siècle, le donjon de Villaines-la-Juhel, construit sur le roc, s'élevait à plus de 30 mètres au-dessus du sol environnant. En temps de guerre les pauvres paysans se réfugiaient derrière ses épais remparts. Aujourd'hui cette forteresse, à moitié détruite par le temps et les hommes, nous présente encore des ruines très curieuses à visiter.

(D'après un cliché de M. Moreau. — M. Moreau, le savant et distingué Président de la Commission historique et archéologique de la Mayenne, a bien voulu mettre à notre disposition 7 clichés dont les gravures figurent ici. — Nous le prions d'agréer l'expression de nos bien sincères remerciements pour cette importante communication).

(D'après un cliché communiqué par M. Moreau).

DOLMEN DE LA CONTRIE (restauré en 1889)

« Le magnifique dolmen de la Contrie, près d'Ernée, est un des plus connus du département de la Mayenne. A demi enfoncé dans le sol, placé au bord d'un ruisseau, au fond d'une charmante vallée, il produit l'effet le plus pittoresque. Sa longueur est de 7m30, sa largeur maximum de 1m50 à l'intérieur. La pierre du chevet, les onze supports et les quatre dalles du toit mesurent des dimensions considérables. L'intérieur est pavé de larges pierres plates ». (*D'après* M. Moreau, *Président de la Commission historique de la Mayenne*).

LAVAL. — IMPRIMERIE L. BARNÉOUD & Cie.

Imprimerie
L. BARNÉOUD & Cⁱᵉ
LAVAL